MERIAN *live!*

W0197210

Amsterdam

Dirk ter Brügge studierte Archäologie und Kunstgeschichte, lebt in Amsterdam und arbeitet als Korrespondent deutscher Zeitungen in den Niederlanden sowie als Buchautor zum Thema Holland.

Inhalt

◄ Die rund 350 Jahre alten Grachten
(► S. 59) machen den Reiz der Stadt aus.

Unterwegs in Amsterdam 48

Spaziergänge und Ausflüge 82

Wissenswertes über Amsterdam 94

✳ Karten und Pläne

Willkommen in Amsterdam

Nirgendwo ist Verlaufen schöner als in der weltgrößten Pfahlsiedlung – und nicht nur die Jugend fühlt sich hier wohl.

An diesem frühen Morgen färbt sich der Himmel lichtblau und kündigt einen sonnigen Tag an. Im grünbraunen Wasser der Herengracht spiegeln sich die Giebel der Grachtenhäuser aus rotem Ziegel, dem Marmor von Amsterdam. Ein Wahrzeichen der größten Pfahlsiedlung der Welt ist der dunkel gebrannte Backstein, ein Zeugnis genialer Baukunst der nördlichen Renaissance. Es ist ein Wahrzeichen, das nicht protzig wirkt, sondern von eher schüchterner Schönheit ist.

Kann man eine Stadt überhaupt lieben? Eine Stadt, die vom Wasser geprägt ist, allemal. Immer wenn ich an den jahrhundertealten Grachten entlanglaufe, glaube ich, in der schönsten aller Städte zu sein.

Das Labyrinth dieser Wasserstadt, zusammengewachsen aus rund 90 Inseln, verbunden durch Hunderte von Brücken, will erlaufen sein, will man die besondere Sphäre, die durchaus intim sein kann, erfahren. Den Stadtplan lässt man besser stecken, das komplizierte Gassensystem im Zentrum ist auch Amsterdamern ein Rätsel. Nirgendwo ist Verlaufen schöner als hier. Ein Streifzug entlang der Grachten führt wie von selbst zu verträumten Plätzen und stillen Gassen, die aus der Zeit genommen sind und an die »kleine Straße« von Vermeer erinnern.

◄ Ein Picknick an einer Gracht (▶ S. 59) ist bei Einheimischen und Touristen gleichermaßen beliebt.

Ein Spaziergang verheißt unbekannte Entdeckungen, und nur wenige Orte wirken auf Jugendliche und Menschen gemessenen Alters gleichermaßen so attraktiv wie diese kraftvolle Sumpfblüte. Das Problem des Amsterdamers liegt darin, dass er sich Fremden gegenüber arrogant und ungehobelt gebärdet, dafür aber geliebt und bewundert werden will. Den Gästen wird jedoch auffallen, dass ihnen, wenn sie nach dem Weg fragen, freundlich geholfen wird. Aber eine Mehrheit findet, dass ihre schöne Stadt durch den touristischen Massenansturm immer mehr aus dem Gleichgewicht gerät.

Unbegrenzte Entdeckungen

Ich erinnere mich an eine Dame aus Houston, die bei Freunden wohnte und ganz begeistert frühmorgens am Fenster stand. Dann flitzten Pulks von Radfahrern bei ihr an der Gracht entlang, und am späten Nachmittag wiederholte sich das Schauspiel – diesmal auf der gegenüberliegenden Seite des Stadtkanals. Die Amerikanerin glaubte, Zeuge eines Radrennens zu sein – und das täglich. Erst zum Abschied erfuhr sie die Wahrheit: Bei den Radlern handelte es sich nicht um Rennfahrer, sondern um Berufstätige, die zum Bahnhof radelten, um ihren Pendlerzug zu erwischen.

Bei aller Begeisterung ist es gar nicht leicht zu sagen, was genau den Reiz der Stadt ausmacht. Sicher ist, Amsterdam hat wunderschöne Ecken und messerscharfe Kanten. Da brodelt es in den Vororten gewaltig. Die Stadt, in der fast jeder zweite Einwohner nicht europäische Wurzeln hat, ist vor allem farbig, international, visuell beeindruckend. Der Aufstieg vieler Immigranten ist auch ein Erfolg der Millionen Euro teuren Förderprogramme und »positiver Diskriminierung«. Amsterdam war immer eine Einwandererstadt.

Amsterdam, noch so ein Etikett, ist Boomstadt, bei Wirtschaftsdaten wie Lebensqualität. Und die Bewohner sind stolz darauf, dass es die veramerikanisierte Stadt des Kontinents ist. Das erkennt man an der Kultur, Musik, Mode, am Essen.

Einst mächtigste Stadt Europas

Es ist noch nicht so lange her, da haben calvinistische Prediger die Stadt der Drogen und des Sex der Homos und der Kriminalität als »Sodom und Gomorrha« verteufelt, in der das »Gesetz des Dschungels« herrsche. Aber ihre Kinder kommen gerne an diesen multiethnischen Platz, um zu studieren und um sich zu amüsieren.

Die Weltstadt a. D. lebt von ihrer Vergangenheit und ihrer Geschichte, die überall gegenwärtig ist. Von hier aus wurde aber auch mit straffer Hand ein weltumspannendes Kolonialreich geführt und der lukrative Sklavenhandel gesteuert.

»Es ist sicher gut«, schrieb Thomas Mann in seinem Roman »Tod in Venedig« (die Lagunenstadt, mit der Amsterdam oft verglichen wird und zu der es in der Tat manche Ähnlichkeiten aufweist), »dass die Welt nur das schöne Werk, nicht auch seine Ursprünge, nicht seine Entstehungsbedingungen kennt«.

MERIAN-TopTen
MERIAN zeigt Ihnen die Höhepunkte der Stadt: Das sollten Sie sich bei Ihrem Besuch in Amsterdam nicht entgehen lassen.

 Vondelpark
Der weitläufige Park im englischen Stil lädt zum Flanieren, Joggen oder Faulenzen ein (▸ S. 47, 71).

 Begijnhof
Eine Pforte führt zu dem idyllischen »Dorf« mit restaurierten Giebelhäusern und dem ältesten Haus der Stadt (▸ S. 53, 87).

 Magere Brug
Die hölzerne Zugbrücke über die Amstel ist das beliebteste Postkartenmotiv (▸ S. 55, 88).

 Grachten mit Rundfahrt
Im Grachtenviertel sahen Venezianer das klassische Schönheitsideal einer perfekten Stadt verwirklicht (▸ S. 59).

 Het Muziekgebouw aan 't Ij
Die Musik spielt die Hauptrolle in diesem architektonischen Glanzlicht am Ufer von Het Ij (▸ S. 61).

 Koninklijk Paleis
Der Palast mit seinem glanzvollen Interieur war einst das Rathaus der Stadt (▸ S. 63, 87).

7 Spui

Der spannendste Platz der Stadt mit Cafés, Buchläden und historischen Gebäuden (▸ S. 69).

8 Westerkerk

Vom Turm der Westerkirche hat man einen wunderbaren Panoramablick über die City (▸ S. 71).

9 Rijksmuseum

Die nationale Schatzkammer ist bis 2013 geschlossen. Die »Nachtwache« und 400 Meisterwerke sind derweil im Philipsflügel zu sehen. (▸ S. 78, 88).

10 Vincent-van-Gogh-Museum

Hier gibt es die umfassendste Sammlung von Werken des großen holländischen Malers zu bestaunen (▸ S. 80).

MERIAN-Tipps

Mit MERIAN mehr erleben. Nehmen Sie teil am Leben der Stadt und entdecken Sie Amsterdam, wie es nur Einheimische kennen.

 **Seven one Seven**
Antike Möbel, Bibliothek, Kaminzimmer – dieses elegante Stadthotel wurde mit viel Liebe zum Detail eingerichtet (▸ S. 15).

2 Terrassen am Wasser
Im De Jaren an der Amstel oder im Zeezicht an der Singel genießen die Amsterdamer die Sonne (▸ S. 20).

3 De Ooievaar
Hier treffen sich die Amsterdamer zur »Borrelstunde« nach Arbeitsschluss (▸ S. 23).

 »Neun historische Gassen«
Extravagante Hüte, originelle Kleidung, exklusive Schuhe und andere höchst ausgefallene Artikel (▸ S. 29).

 Haarlemmerstraat und -dijk
Hier findet man das echte, unverblümte Amsterdam – eine kunterbunte Einkaufsstraße (▸ S. 30).

6 Kulturpark Westergasfabriek
Unbedingt lohnend. Im Kulturpark gibt es Restaurants, Cafés, Filmtheater, Galerien und Plantschbecken für Kids (▸ S. 41).

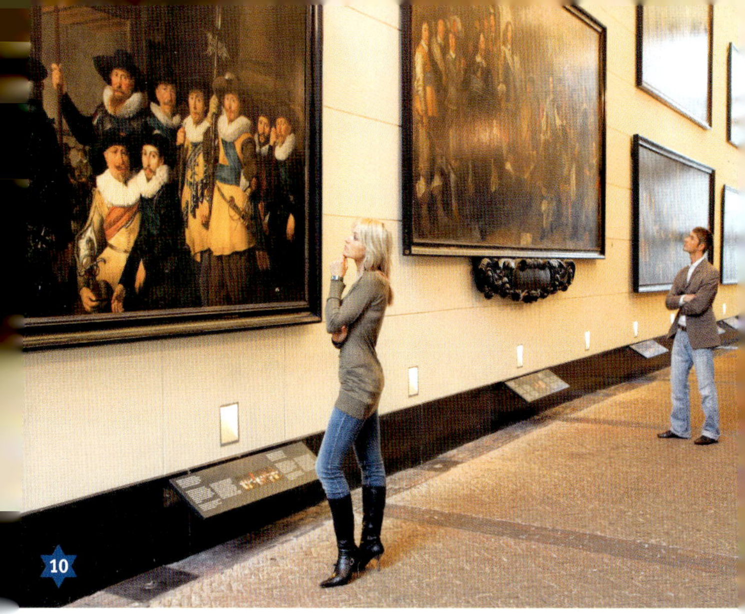

7 Hafenfähre nach Amsterdam Noord

Mit der Ij-Fähre zur NDSM-Hafenseite und von dort den Panoramablick auf die Stadt genießen (▸ S. 53).

8 Prinseneiland

Auf den drei künstlichen Inseln fühlt man sich ins 17. Jahrhundert versetzt (▸ S. 69).

9 Scheepvaartmuseum

Ein großartiger Überblick über 500 Jahre holländische maritime Geschichte (▸ S. 77).

10 Schuttersgalerij

Eine einmalige Passage mit 15 riesigen Gemälden von Regenten und Schützen aus Rembrandts Zeit (▸ S. 80).

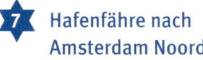

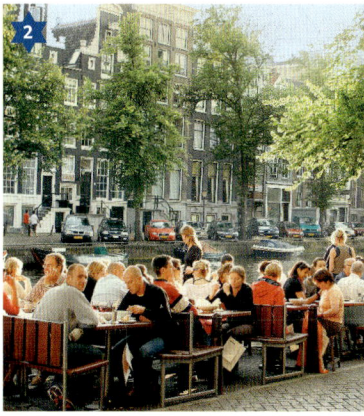

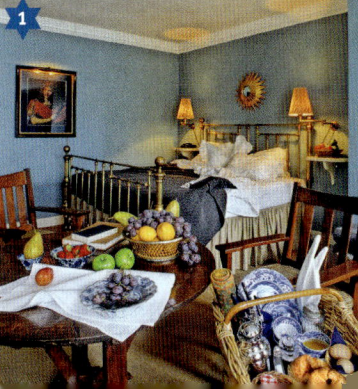

Sobald es warm wird, sind die Plätze
am Wasser (▶ MERIAN-Tipp, S. 20) heiß
begehrt, wie hier an der Keizersgracht.

Zu Gast
in Amsterdam

Amsterdam kokettiert nicht damit, Metropole zu sein,
das Angebot ist aber entsprechend: Unzählige Cafés,
Restaurants und malerische kleine Läden laden ein.

Übernachten
Stilvolle Grachtenvilla, trendiges Designhotel oder vielleicht ein romantisches Hausboot? Nirgendwo sonst in Europa sind Hotelbetten besser ausgelastet. Rund 350 Unterkünfte stehen zur Wahl.

◄ Das The College Hotel (▶ S. 14) befindet sich in einer alten Schule.

Das historische Ambiente hat seinen Preis, und wer in Amsterdam traumhaft übernachten will, muss dafür bezahlen. Schlafen im historischen Ambiente der Innenstadt ist teurer geworden, denn die Nachfrage übersteigt längst das Angebot. Mit 78 % haben die 370 Amsterdamer Hotels und ihre 48 000 Betten die höchste Auslastungsquote Europas. Nur in Ausnahmefällen sollte man in Außenbezirke ausweichen: Die Hotels sind meist nicht billiger und Taxifahrten teuer. Fast alle Hotels berechnen das Frühstück extra, aber ein Café findet sich an jeder Ecke.

In den nächsten Jahren müssten theoretisch rund 15 000 Hotelbetten hinzukommen, um den überhöhten Preisen Einhalt zu bieten. Einige Hotels vermieten Zimmer erst ab zwei Übernachtungen, die Preise variieren je nach Saison (plus 5 % Bettensteuer). Eine Alternative sind die inzwischen zahlreichen Privatunterkünfte. Auskunft und Reservierung über das NBT in Köln (▶ S. 105) oder das Amsterdam Tourism & Convention Board (ATCB) (▶ S. 105).

Preise für ein Doppelzimmer ohne Frühstück:

€€€€ ab 250 €	€€ ab 110 €
€€€ ab 150 €	€ bis 110 €

HOTELS €€€€

Grand Hotel Amrath   ▶ S. 114, B 7

Luxiös • Luxushotel im ehemaligen historischen Scheepvaartshuis in der Altstadt. Das 2007 eröffnete Haus bietet neben der erhalten gebliebenen Jugendstilarchitektur alle Annehmlichkeiten. Die Räume sind hell, die Bäder geräumig. Zum Service gehören eine Espressomaschine und kostenloser Internetzugang. Wellnessbereich mit Schwimmbad, Weinbar und Restaurant. Altstadt • Prins Hendrikkade 108–114 • Metro/Tram: Centraal Station (c 2) • Tel. 5 52 05 54 • www.amrath amsterdam.com • 163 Zimmer und Suiten • ♿ • €€€€

Pulitzer   ▶ S. 113, E 3

Extravagant • Aus 25 historischen Häusern bestehendes Luxushotel. Alle Zimmer sind unterschiedlich eingerichtet. Ein Kleinod ist der Innengarten mit Glashaus im Jugendstil, der auch von Nichthotelgästen besucht werden kann; bei schönem Wetter wird hier der Lunch serviert. Empfehlenswert ist auch das gemütliche Café Pulitzer. Centrum • Prinsengracht 315–331 • Tram: Westermarkt (b 2) • Tel. 5 23 52 35 • www.luxurycollection.com/pulitzer • 230 Zimmer • €€€€

HOTELS €€€

Ambassade   ▶ S. 113, E 4

Stilvoll • Zehn historische Grachtenhäuser. Jedes Zimmer ist individuell eingerichtet. Rechtzeitig buchen, die besten Zimmer befinden sich in den oberen Etagen. Centrum • Herengracht 341 • Tram: Spui o. Koningsplein (c 3) • Tel. 5 55 02 22 • www.ambassade-hotel.nl • 59 Zimmer • €€€

Arena   ▶ S. 118, C 13

Modern und jung • Einst ein Kloster, ein »Sleep-in« und heute ein fröhliches Stadthotel mit Restaurant Todine, Café Todrink sowie stark frequentiertem Club Tonight. Schöne Zimmer, z. T. hellhörig wegen Disko.

Das Hotel Ambassade (▸ S. 13), das sich auf zehn historische Gebäude an der Herengracht verteilt, bietet besonders schöne Ausblicke auf den Grachtengürtel.

Oost • s'Gravesandestraat 51 • Tram: s'Gravesandestraat (d 4) • Tel. 8 50 24 00 • www.hotelarena.nl • 116 Zimmer • ♿ • €€€

The College Hotel   ▸ S. 117, E 11

Modern • Eine Schule wurde zum feinen Hotel, Klassenräume verwandelten sich in elegante Gästezimmer. Schicke Bäder, viel Design, Flachbildfernseher und Internetzugang. Feines Restaurant.
Oud-Zuid • Roelof Hartstraat 1 • Tram: Roelof Hartplein (b 5) • Tel. 5 71 15 11 • www.thecollegehotel.com • 40 Zimmer und Suiten • €€€€

HOTELS €€

Aalders 👫   ▸ S. 117, D/E 10

Stadtvilla • Ruhig wohnen im Museumsviertel. Von dem Familienhotel aus sind alle Sehenswürdigkeiten im Zentrum bequem erreichbar.
Museumskwartier • Jan Luykenstraat 13–15 • Tram: Hobbemastraat (b 4) • Tel. 6 62 01 16 • www.hotel aalders.nl • 28 Zimmer • €€

Bellevue   ▸ S. 114, A 6

Praktisch • Ideal für Reisende, die zu Fuß vom Bahnhof kommen. Das Stadthotel liegt in belebter Straße und hat recht kleine Zimmer. Zum Frühstück geht man am besten um die Ecke ins Café Niemeijer (▸ S. 26).
Centrum • Martelaarsgracht 10 • Tel. 5 30 95 70 • www.bellevuehotel.nl • 75 Zimmer • €€

The Exchange   ▸ S.114, F 3

Nonkonform • Extravagantes, Ende 2011 eröffnetes Stadthotel. Alle Zimmer wurden von Studenten des Modeinstituts eingerichtet. Preise variieren je nach Einrichtung und Saison. Ideal für Stadtbummler.
Centrum • Damrak 50 • Tram: Dam oder Centraal Station (c 2) • Tel. 5 23

00 80 • www.exchangeamsterdam.
com • 61 Zimmer • €€

The Times Hotel

▸ S. 113, F 3

Zweckmäßig • Im Grachtenhotel,
das 2006 eröffnet wurde, finden sich
unterschiedlich eingerichtete helle
Nichtraucherzimmer – der Kanal-
blick kostet 20 € extra. Preise wechseln je nach Auslastung.
Centrum • Herengracht 137 • Tram:
N. Z. Kolk (c 2) • Tel. 3 30 60 30 • www.
thetimeshotel.com • 34 Zimmer • €€

HOTELS €

Amstel Botel   ▸ S. 113, nördl. F 1

Hotelschiff • Am »anderen« Ij-Ufer
liegt das schwimmende Hotel mit
geräumigen Kabinen. Blick auf die
Amsterdamer Skyline. In 15 Minuten mit der Hafenfähre erreichbar.
Hafen • NDSM-pier 3 • Tel. 6 26 42 47 •
www.amstelbotel.nl • Abfahrt der
Fähre hinter der Centraal Station • 175
Kabinen • Frühstücksbüfett • ♿ • €

Brouwer

▸ S. 113, F 3

Romantisch • Denkmalgeschütztes
Eckhaus eines Kapitäns aus dem Jahr
1652. Blick zur Gracht, schlicht eingerichtet. Frühstück inklusive.
Centrum • Singel 83 • Tram: Kolk (c 2) •
Tel. 6 24 63 58 • www.brouwerhotel.
nl • 8 Zimmer • €

Stayokay Vondelpark

International • Eine Jugendherberge
vom Feinsten. Im Doppelzimmer
stehen die Betten nebeneinander, oft
mit Blick ins Grüne. Zwei Restaurants, supermoderne Brasserie mit
leckeren Snacks und Bar, in der Lob-
by Internet. Früh buchen!
Centrum • Zandpad 5 (Nähe Leidseplein) • Tram: Leidseplein (b 4) • Tel.
5 89 89 96 • www.stayokay.com •

MERIAN-Tipp   1

SEVEN ONE SEVEN

▸ S. 117, E 9

Wenn die dunkle Holztür aufgeht,
betritt man ein anderes Jahrhundert. Das elegante Stadthotel **717**
ist ein wohlbehütetes Bed-&-
Breakfast-Geheimnis vom Feinsten. Es hat das ganz besondere Etwas, das anderen Häusern fehlt.
Jedes der Zimmer in dem Grachtenhaus ist individuell und mit viel
Liebe zum Detail mit antiken Holz-
möbeln eingerichtet. Die Schu-
bert-Suite ist immerhin 70 qm
groß. Mit Patio, Bibliothek sowie
Kaminzimmer.
Centrum • Prinsengracht 717 •
Tram: Prinsengracht (b 4) • Tel.
4 27 07 17 • www.717hotel.nl •
8 Zimmer, 1 Suite • ♿ • €€€€

536 Betten • ♿ • € (▸ S. 117, D 9).
Weitere Stayokays in: Stadsdoelen •
Kloveniersburgwal 97 • Tel. 6 24
68 32 (▸ S. 114, A 8) und in Zeeburg/
Amsterdam-Oost • Timorplein 21 •
Tel. 5 51 31 90 (▸ S. 119, F 13)

PRIVATUNTERKÜNFTE

Immer mehr Amsterdamer vermieten Zimmer in ihren Häusern oder
Apartments. Die Preise bewegen sich
zwischen 60 und über 200 € pro
Nacht (www.amsterdamapartment
rental.com).

HAUS- UND WOHNBOOTE

Stets beliebter werden die Wohnboote (▸ S. 60). Das Angebot ist
reichhaltig, lohnt aber nur für mehr
als eine Übernachtung (www.house
boat-rental-amsterdam.com).

Essen und Trinken

Populär sind die typischen Küchen aus fernen Ländern. Experimentierfreude wird selten enttäuscht. Besonders hoch im Kurs stehen frittierte Snacks und exotische »broodjes«.

◄ Das Café De Jaren (▶ S. 21) ist seit mehr als 20 Jahren ein angesagter Treffpunkt.

Wer zum ersten Mal in die Grachtenstadt fährt, bekommt allerlei Ratschläge mit auf den Weg: »Achte darauf, dass dich die Taxifahrer nicht betrügen, verwechsle einen Coffeeshop nicht mit einem Café«. Die Routiniers werden zu berichten wissen, dass man in die gastronomische Szene eintauchen muss, die ihre kulinarische Inspiration nicht nur aus Frankreich und Belgien holt, sondern vor allem aus der südostasiatischen und karibischen Küche.

Kolonialer Einfluss

Der Mix ist ein Erbe der holländischen Kolonialzeit und des Fernosthandels. Chinesische, indische sowie japanische und einige gute vegetarische Restaurants ergänzen das Angebot. Die indonesische Küche spaltet sich auf in jene aus Bali (scharf), Sumatra (schärfer) oder Java (mild). Grundlage sind die »rijstafels« oder »nasi« (Reis), als Getränk empfiehlt sich Tee, Bier oder Wasser. Der Schärfegrad der Gerichte wird oft auf den Speisekarten angegeben. Die Schärfe neutralisiert man mit Reis, »kroepoek« (Garnelengebäck), Gemüse oder Tee. Diese Reistafeln sind eine Erfindung der holländischen Kolonialherren.
Jahrelang war diese Küche ein großer Erfolg, aber inzwischen hat sie ihre Authentizität eingebüßt, das schnelle Geldverdienen ist vielen zu Kopf gestiegen. Chinesische Speiselokale, Brasserien mit französisch-flämischem Einschlag sowie die mediterrane und japanische Küche stehen zurzeit hoch im Kurs.

Leider gibt es auch Nepp. Aufpassen sollte man rund um den Leidse- und Rembrandtplein sowie im Rotlichtviertel der Altstadt. In der Theatergasse Nes, im Stadtteil De Pijp, im Jordaan oder im Museumsviertel gibt es dagegen gute Adressen.

Frischer Hering

»Und welche nationalen Gerichte, außer dem Erbseneintopf, gibt es?«, fragen Besucher häufig. »Hering, wir haben Hering. Nicht eingelegt wie die Dänen oder Schweden, sondern roh«, ist die Antwort. Von Anfang Juni bis September gibt es »Hollandse Nieuwe« (new harring, hareng nouveau). Dieser neue Hering ist eine Delikatesse, der gesündeste Fisch weit und breit, und er trägt das internationale MSC-Gütesiegel (Marine Stewardship Council), d.h. dieser Fisch wird verantwortungsvoll gefangen. Am leckersten schmeckt er an den Fischständen, wo er vor den Augen des Feinschmeckers zubereitet werden muss. Empfehlenswert: »Vishandel« (Altstadt, Zeedijk 129) und die Fischbude ohne Namen an der Brücke Raadhuisstraat/Ecke Singel.
Beliebt sind außerdem »saucijzebroodjes« (mit Blätterteig umhüllte Wurst), Fleischkroketten und Gehacktes. Hinzu kommen Pizzen, Hamburger und natürlich Pommes frites. »Vlaams friteshuis« (Voetboogsteeg 33) serviert die vielleicht besten der Stadt.

In allen Sprachen essen

Auch bei der Auswahl von Restaurants und »eetcafés« muss man auf Entdeckungstour gehen und sich vom Unbekannten überraschen lassen, denn in Amsterdam kann man eine kulinarische Weltreise in 80 Tagen durch fast ebenso viele Landesküchen machen.

Ganz versessen sind die Amsterdamer auf die preiswerten und leckeren Gerichte in den chinesischen Garküchen (etwa Zeedijk) und auf die »pistolets« – scharf belegte Brötchen – von surinamischen Imbissen (rund um den Albert-Cuyp-Markt). Diese exotischen »broodjes« werden fantasiereich belegt und schmecken oft besser als jene der »broodjeswinkeln«, die freilich auch ihr Bestes geben. Ferner gibt es Bagels – jüdische Brötchen mit Loch –, belegt mit Frischkäse oder Lachs, und natürlich Kroketten, etwa von »Holtkamp« oder »Kwekkeboom«.

Auf ein Bier

Kneipen gehören zu Amsterdam wie Grachten und Radfahrer. Jeder »Kroeg« ist unverwechselbar einge-

WUSSTEN SIE, DASS ...

... man auf einer Terrasse Bier oder Wein nicht im Stehen trinken darf? Nur bei einem »tropischen Wetterszenario« darf im Stehen getrunken werden. Zweifelt der Wirt, muss er das Umweltamt anrufen.

richtet und hat seine Stammgäste, die über die vielen Touristen stöhnen, die längst die schönsten alten »Kroegen« entdeckt haben – im Jordaan, rund um den Nieuwmarkt, in der Altstadt, in den Gassen der Innenstadt oder im volkstümlichen Viertel De Pijp. Unter ihnen gibt es so historische wie das »Proeflokaal« (Probierstube) oder »De Ooievaar« (▶ MERIAN-Tipp, S. 23) aus dem Jahr 1782. Hier werden Likör und alter Genever ausgeschenkt.

Auch wenn viele Kneipen genießbare offene Weine ausschenken, bleibt Bier das populärste Getränk. Amsterdams Monopolist Heineken braut das Standardbier, aber Biere aus Brabant, Limburg und Belgien sind die Renner, etwa das malzige Leeuw oder das dunkle Koninck. Die würzigen »Witbiere« Hoegharden und Dentergems, die süffigen dunklen Kloster- und Trappistenbiere wie Leffe, Westmalle, Orval, ferner Duvel und Brigand aus Belgien sind Kultgetränke.

Es gibt auch eine Vielzahl moderner Cafés – etwa »Luxembourg«, »Caffepc« (P. C. Hoofdstraat 87) oder »De Jaren« (Nw. Doelenstraat 20). Hier werden der sehr beliebte Milchkaffee, Cappuccino und Imbisse serviert. Und was den Sachsen ihre Quarkkeulchen, ist den Amsterdamern ihr Apfelkuchen – mit Rosinen, Ingwer oder Zimt.

Menükarten in deutscher Sprache sind unüblich, und das Personal versteht nicht unbedingt Deutsch. Vermieden werden sollten laute Rufe wie »Herr Ober« oder »Hallo, zahlen«, eisige Ablehnung wäre einem sonst sicher. Englisch versteht dagegen jeder. Kreditkarten werden in Restaurants der gehobenen Klasse akzeptiert, kommen aber v. a. bei In-Lokalen aus der Mode. Auf Touristenmenüs besser verzichten. Bei einer »dagschotel« handelt es sich im Allgemeinen um ein einfaches und preiswertes Tellergericht. Nicht wenige Restaurants vergeben die Tische zweimal pro Abend: um 18 oder 19, dann wieder um 21 Uhr.

Preise für ein dreigängiges Menü:

€€€€ ab 45 €	€€ ab 20 €
€€€ ab 35 €	€ bis 20 €

CHINESISCH

Oriëntal City
▶ S. 114, A 7

Chinese mit Goldrand • Hier lassen es sich auch viele städtische Chinesen schmecken. Immer gut besucht, der Service ist schnell und freundlich. Tipp: Fensterplätze in der zweiten Etage. Gute Dim-Sum-Gerichte. Altstadt • O. Z. Voorburgwal 177 • Bus/Tram: Dam (c 2) • Tel. 6 26 83 52 • www.oriental-city.nl • tgl. 11.30–23 Uhr • €€

A Fusion 👥
▶ S. 114, A 7

Modern asiatisch • Speisezettel zum Ankreuzen. Auswahl aus vielen unterschiedlichen Fusionshappen und Suppen. Die Gefahr besteht, dass zu viel bestellt wird. Spartanisch: Man sitzt auf lehnenlosen Hockern. Tee oder Wasser passt immer gut. Altstadt • Zeedijk 130 • Metro: Nieuwmarkt (c 3) • Tel. 3 30 40 68 • tgl. 12–22.30 Uhr • €

Wing Kee
▶ S. 114, A 7

Schneller Chinese • Die Einrichtung ist einfach, die Bedienung flott, und man trifft auf viele asiatische Gäste, die sich die kantonesische Küche schmecken lassen. Der Tee wird gratis serviert. Altstadt • Zeedijk 76 • Metro: Nieuwmarkt (c 3) • Tel. 6 23 56 83 • Mo–Fr 18–22.30, Sa, So 17–23 Uhr • €

FISCH

Vis aan de Schelde
▶ S. 117, F 12

Traditionsreich • Eines der besseren Fischrestaurants der Stadt. Vorzüglich der gebackene Kabeljau mit Speck und Lavendelsirup. Hell und freundlich eingerichtet, effektiver Service. Rechtzeitig reservieren. Zuid • Scheldeplein 4 • Tram: RAI (Haltestelle außerhalb des Verkehrslinienplans) • Tel. 6 75 15 83 • www.visaandeschelde.nl • Mo–Fr 12–14.30, tgl. 17.30–23 Uhr • €€€

Das Restaurant Bordewijk (▶ S. 20) – ein moderner Franzose. Essen und Trinken sind hier nicht unbedingt günstig, aber jeden Euro wert.

MERIN-Tipp

TERRASSEN AM WASSER

Elegant und fein: die Terrasse des Nobelhotels »Amstel« (Prof. Tulpplein 1; Tel. 6 22 60 60 ► S. 118, B 13/14). Ebenfalls in Watergrafsmeer an der Amstel die herrliche Terrasse von »De Jaren« (Nw. Doelenstraat 20–22 ► S. 113, F 4). Beliebt sind weiterhin »'t Smalle« (Egelantiersgracht 12 ► S. 113, E 3) und »Café Zeezicht« beim Multatuli-Denkmal auf der breiten Brücke über den Singel (► S. 113, F 3). Weitere Terrassen: Das »Fonteijn« (Nieuwmarkt 13–16 ► S. 114, A 7) bietet bei schönem Wetter Sonnengarantie. Im »'t Blaauwe Theehuis« (Vondelpark ► S. 116, C 10) sitzt man entspannt im Park. Das Terrassen-Café »Stalpaert« im Scheepvaartmuseum (frei zugänglich) mit Blick über den Oosterdokhafen (Kattenburgerplein 1 ► S. 114, C 7). Das »Bloem« (Entrepotdok 42 ► S. 115, C 8) ist ruhig gelegen, mit Blick auf den Artis. »Tisfris« (Sint Antoniesbreestraat 142 ► S. 114, A 8) ist bekannt für seine flotten Bedienungen, und es gibt viel zu schauen.

FRANZÖSISCH

Vermeer   ► S. 114, A 7

Elegant • Ein Kulttempel für die feine kreative französische Kochkunst. Man hat viel Platz, und die Bedienung ist freundlich. Vorzüglich die pochierte Taubenbrust mit Artischockenpüree und Crème brûlée von Fenchel oder Seeteufel in Bouillabaissesauce. Espresso oder Tee wird mit Gebäck und Pralinen serviert.

Centrum • Prins Hendrikkade 59–72 • Metro/Tram: Centraal Station (c 2) • Tel. 5 56 48 85 • www.restaurant vermeer.nl • Mo–Fr 18.30–22 Uhr • €€€€

Bordewijk   ► S. 113, E 2

Meisterlich • Seit Jahren ein Klassiker, in dem sich die Amsterdamer treffen, um sich aufs Essen und ihre Gesprächspartner zu konzentrieren. Serviert wird hier moderne französische Küche.

Jordaan • Noordermarkt 7 • Tram: Nieuwe Willemsstraat (b 1) • Tel. 6 24 38 99 • www.bordewijk.nl • Di–So 18.30–22.30 Uhr • €€€

Brasserie Van Baerle

► S. 116, D 11

Plüschige Bistrostimmung • Vor allem zur Lunchzeit gut besucht. Große Auswahl an biologischen Salaten. Sonntags Brunch. Bei schönem Wetter sollte man einen Platz im Garten reservieren. Ein informelles Restaurant mit schönem Ambiente.

Zuid • Van Baerlestraat 158 • Tram: Roelof Hartplein (b 5) • Tel. 6 79 15 32 • www.brasserievanbaerle.nl • Sa Mittag geschl. • €€

Côte Ouest   ► S. 113, F 3

Gemütlich • Beliebtes Bistrocafé gegenüber der Nieuwe Kerk. Die Gäste sitzen an Holztischen, der Service ist freundlich und zuvorkommend. Empfehlenswert sind Klassiker wie Entrecôte oder Rumpsteak mit Pommes frites und Salat. Angenehme Atmosphäre.

Centrum • Gravenstraat 20 • Bus/Tram: Dam (c 2) • Tel. 3 20 89 98 • Di–So 17.30–22, Fr–So auch 12–16 Uhr • €€

Jaspers ▸ S. 117, F 11

Modern • Ambitionierte Küche zu moderaten Preisen. Der Gast bestellt ein Drei-Gänge-Menü und kann es um bis zu sieben Gerichte (pro Gang 10 €) erweitern. Zeitgerechte und leichte Küche. Von allen Plätzen Blick in die offene Küche.
De Pijp • Ceintuurbaan 196 • Tram: Ruysdaelkade (d 5) • Tel. 4 71 52 33 • www.restaurantjaspers.nl • Mi–Mo 18–23 Uhr • €€

De Jaren ▸ S. 113, F 4

International • Trendy Grandcafé, großer, heller Raum mit Terrasse an der Amstel. Internationale Zeitungen, kleinere Gerichte. Restaurant, ebenfalls mit Terasse, im ersten Stock.
Centrum • Nieuwe Doelenstraat 20–22 • Tram: Muntplein (c 3) • Tel. 6 25 57 71 • www.cafedejaren.nl • Mo–Do 9.30–23, Fr–So 9.30–24 Uhr • €

HOLLÄNDISCH

Piet de Leeuw ▸ S. 117, F 9

Deftig • Eine der wenigen Adressen Amsterdams mit altholländischer Atmosphäre. Spezialitäten sind Beefsteak und Seezunge.
Centrum • Noorderstraat 11 • Tram: Prinsengracht (c 4) • Tel. 6 23 71 81 • Mo–Fr 12–23, Sa, So 17–23 Uhr • €€

INDONESISCH

Blauw ▸ S. 116, A 11

Modern indonesisch • Die Karte ist frei von jedem asiatischen Firlefanz und auf den europäischen Geschmack abgestimmt. Drei Reistafeln: Fisch, Fleisch und vegetarisch, verteilt auf 18 Schälchen mit Leckerbissen von süßsauer bis feurigscharf. »Be Pase Base Manis« sind zarte Rindfleischstücke in feiner Kräutersauce – eine Renaissance der indonesischen Küche nach holländisch-kolonialer Art.
Oud-Zuid • Amstelveenseweg 158–160 • Tram: Amstelveenseweg (a 6) • Tel. 6 75 50 00 • www.restaurant blauw.nl • Mo–Fr 12–24, Sa, So 17–24 Uhr • €€

Spang Makandra ▸ S. 117, D 10

Authentisch javanisch • Beliebtes Imbiss-Restaurant mit freundlicher Bedienung. Geschmackvolle Gerichte wie Bami Moksi oder Nasi Rames. Auch Suppen und scharfe Broodjes.
De Pijp • Gerard Doustraat 39 • Tram: Stadshouderskade (c 5) • Tel. 6 70 50 81 • www.spangmakandra.nl • Di–Sa 11–22 Uhr, So 13–22 Uhr • €

KARIBISCH

Trinbago ▸ S. 119, E 13

Modernes Ambiente • Sehr lecker sind Red Snapper, Calvins Huhn, pikant gewürztes Fleisch im Bananenblatt oder Langusten mit herzhafter grüner Sauce. Außergewöhnliche Desserts. Reservieren!
Oost • 1e van Swindenstraat 44A • Tram: Alexanderplein (d 4) • Tel. 6 94 58 36 • www.restauranttrinbago.nl • Mi–So 17.30–22 Uhr • €€

JAPANISCH

Yamazato ▸ S. 117, F 11

Ungewöhnlich • Im japanischen Hotel Okura befindet sich das beste japanische Restaurant der Stadt. Was die Küche verlässt, ist ein Genuss. Etwa »Sashimi Moviawase« (roher Fisch mit Sojasauce), »Temara« (frittierte Langusten) oder »Tohban Yaki« (zartes Rinderfilet mit Gemüse), das der Gast auf dem Holzkohlenstövchen serviert bekommt. Preiswerter und dennoch ein Erlebnis sind die Lunches.

Zuid • Ferdinand Bolstraat 333 • Tram: Cornelis Troostplein (c 6) • Tel. 6 78 83 51 • www.yamazato.nl • So–Fr 12–14 und 18–21.30 Uhr • €€€€

Japanese Pancake World 👫

▶ S. 113, E 3

Überraschend • Einziges »O-Kono-mi-Yaki« (japanisches Pfannkuchen-restaurant) auf dem europäischen Kontinent. Die Gerichte sind raffiniert, sagenhaft lecker und nicht mit sonstigen Pfannkuchen zu vergleichen. Der Chef, ein Schwabe, hat das Fach in Japan gelernt und zaubert immer wieder die feinsten Kombinationen. Wohnzimmeratmosphäre und japanische Stammkundschaft. Jordaan • 2e Egelantiersdwarsstraat 24a • Tram: Westermarkt (b 2) • Tel. 3 20 44 47 • www.japanese pancakeworld.com • tgl. 12–15 und 17–22 Uhr (Öffnungszeiten können variieren) • €

MEDITERRAN

Envy

▶ S. 113, E 3

Ambitioniert • Urgemütlich, wie es die Szene liebt. An der Wand das »Vorratsschaufenster«, denn Keller kennen die Grachtenhäuser nicht. Die Köche arbeiten am Eingang. Die Gäste sitzen entweder an schmalen Tischen oder – noch besser – an langen Tafeln in der Raummitte. Wer nicht das Menü nimmt, wählt beispielsweise Wildschweinsalami oder Tortellini, gefüllt mit Pilzen und Parmesanschaum. Centrum • Prinsengracht 381 • Tram: Westermarkt (b 2) • Tel. 3 44 64 07 • www.envy.nl • Mo–Do 18–1, Fr–So 12–15 und 18–1 Uhr • €€€

Amsterdam Café 👫

▶ S. 112, C 1

Brasserie • Nach »hip Amsterdam« führt einen die Tram auf den Weg in diese ehemalige Pumpstation. Zwischen 16 m hohen Wänden ste-

Im Japanese Pancake World (▶ S. 22) gibt es unzählige Variationen des japanischen Pfannkuchens. Beliebt sind die Plätze am »Chefs Table« mit Joachim Scheuing.

hen weiß gedeckte Tische mit insgesamt 250 Stühlen dicht an dicht.
West • Watertorenplein 6 • Tram 10 bis Endstation • Tel. 6 82 26 66 • www.cradam.nl • tgl. 10.30–22.30, Fr, Sa bis 23.30 Uhr • €€

Tatin ᵞ   ▶ S. 119, F 13

Mediterranes in alter Pumpstation • Kinderfreundlich, ökologisch und mit Kerzenlicht. Auf der Karte stehen Gerichte der mediterranen Landküche, wie Lamm in Rotweinsauce. Große Terrasse, Spielecke für Kinder.
Oost • Borneostraat 1 • Tram: Zeeburgerdijk • Tel. 4 68 51 09 • Mi–So 17–22 Uhr • €€

CAFÉS UND PROBIERSTUBEN

Drei Sorten Cafés gibt es: die modernen Cafés, die »proeflokaale« (Probierstuben) und die klassischen »bruine Cafes« – braune Cafés genannt, weil sie im Laufe der Jahrhunderte nachgedunkelt sind.

Café Wildschut   ▶ S. 117, E 11

Szene • An einem der stilvollsten Plätze, »Amsterdamer Schule«, ein Treffpunkt mit einem Hauch von Glamour. Man sitzt im Ambiente der Zwanzigerjahre. Mit Terrasse.
Zuid • Roelof Hartplein • Tram: Roelof Hartplein (b 5) • €

De Drie Fleschjes   ▶ S. 113, F 3

Traditionell • Wie in alten Zeiten wird der Fußboden mit Sand gefegt. Die Probierstube an der Nieuwe Kerk datiert von 1650.
Centrum • Gravenstraat 18 • Bus/Tram: Dam (c 2) • €

In de Wildeman   ▶ S. 113, F 3

Authentisch • In einer 1690 gegründeten Schnapsbrennerei am Nieu-

MERIAN-Tipp   3

DE OOIEVAAR   ▶ S. 114, A 7

Amsterdam kennt mehrere jahrhundertalte Kneipen und Geneverstuben, die vor allem zur »Borreluur«, der »Schnapsstunde« zwischen Büroschluss und Abendessen, gerne aufgesucht werden. Amsterdamer treffen sich hier mit Freunden und Bekannten, etwa im »De Ooievaar«, dem Storchen. Die Einrichtung hat sich seit 200 Jahren kaum verändert, und die Atmosphäre ist beim Kastelein, dem Wirt Koos de Groot, intimer als in anderen Kneipen.
Altstadt • Sint Olofspoort 1/Ecke Zeedijk • Metro/Tram: Centraal Station (c 2) • Tel. 4 20 80 04 • www.proeflokaaldeooievaar.nl • tgl. 12–1 Uhr • €

wendijk befindet sich diese urige Bierkneipe. 17 Biere vom Fass und 150 aus der Flasche.
Centrum • Kolksteeg 3 • Tram: Kolk (c 2) • Tel. 6 38 23 48 • Mo–Sa 12–1 Uhr • €

DIE WOHL BESTEN SNACKBARS

Eine Institution der Snackbarkultur – preiswert und schmackhaft – ist **Van Dobben** (Korte Reguliersdwaarsstraat 5 beim Rembrandtplein). Berühmt sind die Kroketten. Bei **Soup en Zo** (Jodenbreestraat 94a, Nieuwe Spiegelstraat 54) gibt es Suppen, darunter eine superleckere Tomatensuppe. Populär ist auch die asiatische Nudelküche **Wok to Walk** (Leidsestraat 96, Kolksteeg 8). Vor den Augen der Gäste wird alles frisch im Wok zubereitet.

grüner
reisen

Wer zu Hause umweltbewusst lebt, möchte dies vielleicht auch im Urlaub tun. Mit unseren Empfehlungen im Kapitel grüner reisen wollen wir Ihnen helfen, Ihre »grünen« Ideale an Ihrem Urlaubsort zu verwirklichen und Menschen zu unterstützen, denen ein verantwortungsvoller Umgang mit der Natur am Herzen liegt.

Der ökologische Fußabdruck

Die populärste und beliebteste Touristenattraktion von Amsterdam ist auch ihre umweltfreundlichste: die Grachtenrundfahrten. Inzwischen wird jedes vierte Rundfahrtboot von einem Elektromotor angetrieben. Shopping, Restaurant-, Theater-, Disco- und Drogencafébesuche zählen hingegen zu jenen Aktivitäten, die die städtische Umwelt am meisten belasten.

Zu diesem Ergebnis kam eine Untersuchung von PriceWaterhouseCoopers. Maßeinheit war der »ökologische Fußabdruck«, mit dem ausgedrückt wird, wie viel Fläche auf der Erde nötig ist, um den Lebensstil eines Menschen dauerhaft zu ermöglichen.

Nachdem immer mehr Menschen ökologisches Engagement auch im Tourismus für notwendig erachten, wird auch in Amsterdam nach Lösungen gesucht, um Unternehmer und Bewohner zu motivieren, »duurzaam« – nachhaltig – zu handeln.

Zahlreiche Hotels im gehobenen Preissegment sind der Organisation »Green Key« angeschlossen. Die Mitgliedsunternehmen verpflichten sich, verbindliche Standards beim Strom- und Wassersparen sowie bei der Abfallbeseitigung einzuhalten.

ÜBERNACHTEN

The Convent ▸ S. 113, F 3

Ein modernes und zeitgerecht eingerichtetes Hotel hinter der denkmalgeschützten Fassade der Druckerei Kasteel van Amsterdam. Das Haus im Herzen der Innenstadt gehört zur Vereinigung »Green Key«, die in den ihr angeschlossenen Hotels auf sparsamen Verbrauch von Wasser und Strom achtet. Entsprechend ist dieses Hotel und die meist geräumigen Zimmer eingerichtet. Gelungen ist die Umgestaltung der Empfangshalle als gemütlicher Treffpunkt mit gedämpftem Licht. Vom Hotel aus sind alle Sehenswürdigkeiten und Einkaufsstraßen im Centrum schnell erreichbar.

Centrum • Nieuwezijds Voorburgwal 67 • Tram: N.Z. Kolk (c 2) • Tel. 6 27 59 00 • www.accorhotels.com • 148 Zimmer • €€€

ESSEN UND TRINKEN

De Kas 🍴🍷 ▸ S. 119, E 15

Auf dem Landgut Frankendael befindet sich in einem 8 m hohen gläsernen Gewächshaus der ehemaligen Stadtgärtnerei dieses stimmungsvolle Restaurant. Wählen muss man nicht, denn es gibt nur ein Menü. Die Tagesernte an Gemüse und Kräutern aus ökologischem Anbau, die (auch) aus den angegliederten Gewächshäusern kommt, bestimmt die Zusammensetzung des Menüs. Die Qualität ist gleichbleibend hoch, und schmecken tut es auch. Zum Lunch wird normalerweise Fisch serviert. Bei schönem Wetter ist die Terrasse im Kräutergarten geöffnet. Neben dem Restaurant befindet sich ein Abenteuerspielplatz, sodass auch Familien mit Kindern auf ihre Kosten kommen.

Watergraafsmeer • Kamerlingh Onneslaan 3 • Tram: Hogeweg (e 5) • Tel. 4 62 45 62 • www.restaurant dekas.nl • Mo–Fr 12–14 und 18.30–22 Uhr, Sa 18.30–22 Uhr • €€€€

Merkelbach ▸ S. 119, E 15

Versteckt hinter einem alten Landhaus, dem Huize Frankendael, liegt das ökologische Café/Lunch- und Dinnerrestaurant Merkelbach, das vor allem tagsüber gerne besucht wird. Als Spezialität gelten die fantasievoll belegten Sandwiches. Die Bedienung ist salopp, aber korrekt. Von der Sonnenterrasse haben die Gäste Aussicht auf den Garten im französischen Stil. Das Restaurant mit französisch-mediterraner Küche ist auch ein beliebter Ort für Hochzeitsfeiern und andere Familienfeste. Ringsum stehen gewaltige Bäume, die die Sicht auf die Hochhäuser in der Ferne glücklicherweise verdecken. Das Merkelbach ist ein beliebter Rast- und Ruhepunkt in einem 7 ha großen ökologischen Naturgebiet. Um die Sumpf- und Dünengebiete zugänglich zu machen, wurden Wanderwege angelegt. Eine Attraktion ist die große Reiherkolonie.

Watergraafsmeer • Middenweg 116 • Tram: Hogeweg (e 5) • Tel. 6 65 08 80 • www.huizefrankendael.nl • tgl. 9–21 Uhr • €€€€

Betty's ▸ S. 118, B 16

Das wohl anspruchsvollste vegetarische »Petit Restaurant« (22 Plätze) der Stadt. Auffallend ist, dass es vor allem Frauen sind, die die von der Küche des Burgund inspirierten Gerichte, die hier erstklassig zubereitet serviert werden, zu schätzen wissen. Gelungen und lecker z. B. die »Flamiche«, eine Gemüsequiche mit Porree unter Blätterteig; köstlich sind auch alle frischen Salate, etwa mit Roten Beten und Avocados.

Zuid • Rijnstraat 75 • Tram: Amstelkade (d 6) • Tel. 6 44 58 96 • €€

Umoja ▸ S. 116, A 11

Aus der Küche des Umoja kommen Gemüse, Kräuter und Salat aus biologischem Anbau, der Fisch trägt das internationale MSC-Gütesiegel, und das
Ökofleisch ist das beste, was Holland
zu bieten hat. Überzeugend gut: Kalbfleisch mit Thunfischmayonnaise, Salat mit Ziegenkäse und Basilikum oder
Thunfisch mit Sesamklops, Wasabi-
Mayonnaise und Sojasauce. Vorzüglich auch die Käseplatte, die hervorra-
gend zur gut sortierten Weinauswahl
passt. Die Einrichtung ist modern und
stilvoll, die Bedienung flink.
Oud Zuid • Amstelveenseweg 154 •
Tram: Amstelveenseweg (a 6) • Tel.
7 70 64 20 • www.umojarestaurant.
nl • Di–So ab 18 Uhr • €€

EINKAUFEN

Boerenmarkt ▸ S. 113, E 2

Ein Fest für Augen und Sinne: Jeden
Samstagmorgen stehen vor der Noorderkerk Bauern und Bäuerinnen, Kräu-
termänner und Käsemacher, Pilzzüch-
ter und Bäcker aus der weiteren Umgebung hinter ihren Marktständen. Sie
verkaufen ihre ökologisch erzeugten
Produkte dort, wo einst ein Friedhof
war und auch heute noch die Toten
ruhen. Gegen Mittag überlassen die
Anwohner der Nachbarschaft den
Bauernmarkt den Touristen und treffen sich zum Kaffee oder Bier in einer
der umliegenden Kneipen. Ergänzt
wird der Markt durch einen Trödel-
markt mit Büchern und Nippes. In der
parallel gelegenen Lindengracht gibt's
einen großen Wochenmarkt mit Fisch-,
Blumen- und Gemüseständen. An
mehreren Käseständen wird ebenfalls
holländischer Käse zu günstigen

Marktpreisen feilgeboten. Am Samstag ist auch die Noorderkerk für Besucher geöffnet. Eine gute Gelegenheit,
der calvinistischen Kirche von 1623
mit ihrer ursprünglichen Einrichtung
einen Besuch abzustatten.
Jordaan • Noordermarkt und Lindengracht • Tram: Westermarkt (a 2) •
Sa 9–16 Uhr

Gebr. Niemeijer Bakkerij

▸ S. 113, F 2

Vier Minuten vom Bahnhof, in einer
belebten Gasse, befindet sich die beste Bäckerei der Amsterdamer Innenstadt. Sie wurde von den Brüdern Issa
und Marco Niemeijer gegründet. Der
Soziologe Issa, der in Paris das Bä-
ckerhandwerk erlernte, leitet heute
das Laden-Café. Nach französischen
Rezepten werden knuspriges Brot und
Patisserie im Steinofen im Souterrain
mehrmals täglich frisch gebacken. Zur
Herstellung der leckeren Boules, Ba-
tards oder der knusprigen Baguettes
und Macarons werden ausschließlich
Mehl aus biologischem Anbau, Meer-
salz und Wasser verwendet. Das ange-
schlossene Café im Art-déco-Stil bietet französisches Frühstück mit Crois-
sant und Kaffee (ab 3,50 €) oder zum
Lunch (ab 11 Uhr) eine Tagessuppe.
Auch Säfte, Früchte, Marmelade, Käse
oder Wurst stammen sämtlich aus biologischem Anbau. Zuvorkommende
und freundliche Bedienung.
Centrum • Nieuwendijk 35/Ecke
Martelaarsgracht • Tram/Metro:
Centraal Station (c 2) • Tel. 7 07 67
52 • Di–Fr 8.15–18, Sa 8.30–17,
So 9.30–17 Uhr

Marqt

Der Eingang zu Amsterdams fantasti-
scher Auswahl an feinen und leckeren
Lebensmitteln ist gut getarnt. In der

Gastronomie der kurzen Wege: Was vor der Tür wächst, kommt im Gewächshaus-Restaurant De Kas (▸ S. 25) frisch zubereitet auf den Teller.

weitläufigen Halle findet der Kunde ein großes Sortiment an biologischen und frischen Produkten. Bezahlt wird nicht mit Bargeld, sondern ausschließlich mit Karte.

– Oud-West • Overtoom 21–25 • Tram: Overtoom (b 4)   ▸ S. 117, D 9
– Centrum • Utrechtsstraat 17 • Tram: Rembrandtsplein (c 3)   ▸ S. 118, A 13

Nukuhiva   ▸ S. 113, F 2

Die sympathische Boutique verkauft topmodische Kleidung aus naturbelassenen Materialien für die umweltbewusste weibliche Kundschaft. Vieles ist handgefertigt und in gedeckten Farben. Stilvoll auch die Accessoires wie Handtaschen, Muschelketten oder Broschen. Das Geschäft ist ein Geheimtipp für alle, die sich etwas Ausgefallenes leisten und dabei auch etwas Gutes tun wollen,

denn ein Teil des Gewinns fließt in Unterrichtsprojekte in Entwicklungsländern. Der Name Nukuhiva leitet sich von der gleichnamigen polynesischen Insel ab.

Centrum • Haarlemmerstraat 36 • Tram: Centraal Station (c 2) • So–Mo 12–16, Di–Sa 10–18 Uhr

Vega-Life   ▸ S. 113, F 3

Diese quirlige Boutique verfügt über Amsterdams originellstes Angebot an »nachhaltigen« Artikeln. Die Skala reicht von vegetarischen Schuhen, Kosmetik, Kleidern und Jeans über Kochbücher (vegetarisches Grillen) bis zu – man höre und staune – vegetarischem Katzenfutter.

Centrum • Singel 110 • Tram: N. Z. Kolk (c 2) • Tel. 6 20 40 97 • www.vega-life.nl • Di–Fr 10–18, Sa 10–17 Uhr

Einkaufen
Ausgefallene Geschenke – auch mal für sich selbst: Im Centrum mit seinen unzähligen kleinen »winkeln« macht das Stöbern richtig Spaß. Mit Sinnenlust und Genuss überraschen auch die Märkte.

◄ Coster Diamonds (▶ S. 32) zeigt Liebhabern gerne seine Kostbarkeiten.

Hollands Hauptstadt ist nicht der Ort, wo man lange durch elegante Einkaufspassagen oder überdachte Galerien wie etwa in Hamburg wandern kann. Die Stadt lockt hingegen mit zahlreichen kleinen und zum Teil ausgefallenen Geschäften, »winkel« genannt. Bekannte Einkaufsstraßen sind Rokin, Nieuwendijk, die hektische Kalverstraat, die abwechslungsreiche Haarlemmerstraat (▶ MERIAN-Tipp, S. 30), die feine Beethovenstraat oder Van Baerlestraat im Museumsviertel. Die nobelste Shoppingadresse ist die P. C. Hooft. Besonders viele ausgefallene »winkel« findet man in den »neun historischen Gassen« (▶ MERIAN-Tipp, S. 29).

Auch sonntags kann man im Centrum »winkelen«

Im Allgemeinen wird man freundlich bedient. Mit Englisch kommt man in den Läden am besten zurecht. Es gibt zahlreiche ausgefallene und teure Läden. Geschäftszeiten: in der Regel zwischen 9 und 18 Uhr. Viele haben montagvormittags geschlossen, dafür aber donnerstags bis 21 Uhr geöffnet. An Samstagen geht es bis 17 Uhr. Im Centrum haben Warenhäuser und einige Läden auch am Sonntag von 11 oder 12 bis 18 Uhr offen; Supermärkte von Montag bis Samstag von 8 bis 20 oder 21 Uhr.

Im »Shoppers Paradise« ist es nach der Einführung des Euro auch nicht preiswerter als in anderen Hauptstädten, aber die Auswahl ist vielseitig und aufregend: 10 334 Geschäfte, 130 Antiquariate, 150 Galerien und zwei Dutzend Märkte werben um

MERIAN-Tipp 4

»NEUN HISTORISCHE GASSEN«
▶ S. 113, E 3

Eine ungewöhnliche Auswahl und Vielfalt an kleinen Geschäften mit ausgefallenen Artikeln aus aller Welt hinter historischen Fassaden. Die Gassen zwischen Raadhuis- und Leidsestraat, Prinsengracht und Singel tragen Namen wie Ree-(Reh-), Harten-(Hirsch-) oder Berenstraat (Bärenstraße). In diesen Gässchen aus dem 17. Jh. findet man viele kleinere Geschäfte, »winkel« genannt. So entwirft Heester van Eeghen seit 1987 exklusive und ausgefallene Taschen, Handschuhe, Portemonnaies und Schuhe in allen Farben des Regenbogens (Hartenstraat 1 (Schuhe) und Hartenstraat 37 (Taschen)). Ungewöhnliche Kleider mit und ohne Spitze gibt es bei Laura Dols (Wolvenstraat 6 und 7).
Centrum • »Negen Straatjes« •
Tram: Westermarkt (b 2)

Kundschaft. Allein die Diamantenschleifereien werden jährlich von etwa einer Million Menschen besucht.

ANTIQUITÄTEN

Seit der Wende zum 20. Jh. gilt das Spiegelquartier als ein Zentrum des Antiquitätenhandels, an dem auch heute noch jüdische Kaufmannsfamilien einen verhältnismäßig hohen Anteil haben. Ursprünglich haben an der Spiegelgracht und in der zum Rembrandtplein führenden Nieuwe Spiegelstraat kleine Handwerksleute gewohnt. Dann wurde auf der gegenüberliegenden Seite des Wetering-

MERIAN-Tipp 5

HAARLEMMERSTRAAT UND -DIJK ▶ S. 113, E/F 1/2

Neben der Utrechtsestraat sind Haarlemmerstraat und Haarlemmerdijk die vielfältigsten und buntesten Straßen der Stadt: »winkel« neben »winkel«, fröhliche Kleidung, japanische Bioprodukte, feine Pralinen, Bücher etc. Außerdem Cafés, Restaurants, Coffeeshops und das Art-déco-Kino »Movie«. Von hier kommt man schnell in den Jordaan oder nach Prinseneiland.

Kanals, wo damals noch Windmühlen standen, das Rijksmuseum eröffnet. Pfiffige Leute okkupierten bald den ganzen Straßenzug. Von den nahezu 130 Kunst- und Antiquitätenläden Amsterdams liegen mehr als die Hälfte an Spiegelgracht und Nieuwe Spiegelstraat. Weitere »Antiekwinkels« und Galerien finden sich in den Querstraßen: Kerkstraat, Lange Leidsedwarsstraat, Tweede Weteringdwarsstraat sowie an Prinsengracht, Leidsegracht und Elandsgracht. Im November veranstalten etwa 60 Antikhändler im Spiegelviertel ihre traditionellen offenen Tage (www.spiegelkwartier.nl).

Aalderink ▶ S. 117, E 9

Asiatische Kunst und Ethnografika.
Centrum • Spiegelgracht 15 • Tram: Koningsplein (b 3)

Marjan Sterk ▶ S. 117, F 9

Dieser Laden hebt sich in der Antiquitätenstraße ab. Hier kann man signierte Art-déco-Arbeiten von Cartier, Boucheron oder Lalique erstehen. Stücke aus drei Jahrhunderten.
Centrum • Nieuwe Spiegelstraat 63 • Tram: Leidseplein (b 4)

AUSGEFALLENES

De Weldaad ▶ S. 113, E 3

Eine Fundgrube für Sammler alter Kacheln, historischer Waschbecken, Dosen und Türklinken. Vieles stammt aus abgerissenen Häusern.
Centrum • Reestraat 1 • Tram: Westermarkt (b 2) • Mi–Sa 11–17 Uhr

Galleria d'Arte Rinascimento ▶ S. 113, E 3

Fayencen aus Delft, etwa die beliebten Tulpenvasen oder Christbaumkugeln. Hübsche Souvenirs.
Centrum • Prinsengracht 170 • Tram: Westermarkt (b 4)

Geels & Co ▶ S. 114, A 7

Der älteste Kaffeeladen der Stadt mit angeschlossenem privatem Tee- und Kaffeemuseum.
Altstadt • Warmoesstraat 67 • Bus/Tram: Dam (c 2)

Hajenius ▶ S. 113, F 4

Die beste Adresse in Holland für Rauchwerk. Eine Sehenswürdigkeit.
Centrum • Rokin 92 • Tram: Spui (c 3)

Jacob Hooy & Co ▶ S. 114, A 7

Der älteste Gewürzladen der Stadt, entsprechend wohltuend riecht es. Antike Einrichtung. Fotografieren? Bitte unbedingt vorher fragen.
Altstadt • Kloveniersburgwal 10–12 • Metro: Nieuwmarkt (c 3)

Kleine Nikolaas 👫 ▶ S. 116, C 10

Spielzeug aus Holz, handgemachte Puppen, Bären und vieles andere, was das Kinderherz höherschlagen lässt.

Im Frühling Tulpen – zu anderen Jahreszeiten dürfen es auch andere Blumen sein. Das größte Angebot hat der Blumenmarkt am Singel (▶ S. 34).

Zuid • Cornelis Schuytstraat 19 • Tram: J. Obrechtstraat (b 5)

Lush   ▶ S. 113, F 4

Massagetabletten aus Kakaobutter; Badesalz, das Rosenblätter zaubert; Seife, wie Sushi aufgerollt, oder Shampoo in Donutform. Der britische Kosmetikkonzern verkauft seine Produkte wie Delikatessen.
Centrum • Kalverstraat 98 • Tram: Spui (c 3)

BLUMEN

Ivy   ▶ S. 117, E 9

Ein Blumenladen mit Ambitionen. Hier wird nach dem letzten Trend fürs Wohnzimmer oder Edelbüro gefahndet. Aus Blumen und Pflanzen entstehen beim Floristen Jan Dippell Kunstwerke. Schon allein der Inspiration wegen lohnt ein Besuch.
Centrum • Leidseplein 35 • Tram: Leidseplein (b 4)

BRILLEN

Nesoptiek   ▶ S. 113, F 4

Modische Brillen und Sonnenbrillen für ältere Junge und junge Ältere.
Centrum • Grimburgwal 1 • Tram: Spui (c 3)

BÜCHER

Amphora   ▶ S. 114, B 8

Spezialisiert auf jüdische Literatur, Kinderbücher, Kochbücher.
Centrum • Rapenburgerstraat 109 • Metro/Tram: Waterlooplein (d 3) • www.amphorabooks.nl

Antiqbook   ▶ S. 113, E 4

Mehrere spezialisierte Antiquariate.
Centrum • Raam- und Rosmarijnsteeg • Tram: Spui (c 3) • www.strt.nl

Athenaeum Nieuwscentrum
    ▶ S. 113, F 4

Zeitschriften aus aller Welt und den Subkulturen. Übersichtlich und im-

mer »up to date«, besonders was angelsächsische Literatur betrifft.
Centrum • Spuistraat 14–16 • Tram: Spui (c 3) • Mo–Sa 8–22, So 10–18 Uhr

Auf den Märkten (▶ S. 33) finden Käseliebhaber eine reiche Auswahl.

De Klof   ▶ S. 114, A 8

Gehört zu den bestsortierten Antiquariaten für Literatur.
Altstadt • Kloveniersburgwal 44 • Bus/Tram: Dam (c 2) • Mo–Sa 12–18 Uhr

De Slegte   ▶ S. 113, F 3

Die Buchhandlung führt Bücher aus zweiter Hand und Antiquarisches. Alte Karten und Drucke.
Centrum • Kalverstraat 48–52 • Bus/Tram: Dam (c 2)

Egidius   ▶ S. 113, F 2

Fundgrube für Zeichnungen, historische Fotos, Kunstbücher zu ungewöhnlich günstigen Preisen.

Centrum • Haarlemmerstraat 89 • Metro/Tram: Centraal Station (c 2)

Kinderboekwinkel 🎎 ▶ S. 113, D 3

Bücher für Kinder und Jugendliche.
Jordaan • Rozengracht 34 • Tram: Westermarkt (b 2)

Lambiek Antiquariaat   ▶ S. 117, E 9

Antiquariat speziell für Comicfans.
Centrum • Kerkstraat 119 • Tram: Leidseplein (b 4)

Lorelei   ▶ S. 113, E 4

Auf Frauenliteratur spezialisiertes Antiquariat.
Prinsengracht 495 • Tram: Spui (c 3) • Mi–Sa 12–18 Uhr

Selexyz Scheltema   ▶ S. 113, F 4

Größte Buchhandlung Amsterdams auf zwei Etagen mit internationaler Literatur und Zeitschriften.
Centrum • Koningsplein 20 • Tram: Koningsplein (c 3) • www.selexyz.nl

DIAMANTEN UND SCHMUCK

Ein breites Angebot an Schmuck, alt oder modisch, findet man am Grimburgwal und am Langebrugsteeg.

Coster Diamonds   ▶ S. 117, D 10

Eine der ältesten Diamantenschleifereien der Stadt von 1840. Kostenlose Führungen, anschließend Verkauf.
Museumskwartier • Paulus Potterstraat 2–8 • Tram: Hobbemastraat (b 4)

Grimm Sieraden   ▶ S. 113, F 4

Extravaganter und geschmackvoller Schmuck von holländischen Designern in Silber, aber auch aus Holz, Kunstharz und Gummi.
Centrum • Grimburgwal 9 • Tram: Spui (c 3)

Roos & Laloli   ▶ S. 113, F 4

Auffallender und farbiger Schmuck aus Edelmetall, Zinn und Glas. Zahlreiche Einzelstücke.

Centrum • Grimburgwal 11 • Tram: Spui (c 3)

HASCHISCH IM COFFEESHOP

Die Niederlande sind das einzige europäische Land, in dem Haschisch oder Marihuana öffentlich in sogenannten Coffeeshops verkauft wird. In den etwa 210 Coffeeshops Amsterdams kann man legal einen »stickie« oder »joint« rauchen. An jeden Kunden dürfen maximal 5 g Haschisch oder Marihuana je Verkaufsvorgang abgegeben werden, der Verkauf der sogenannten Softdrugs an Jugendliche unter 18 Jahren ist jedoch verboten.

Ziel der niederländischen Rauschgiftpolitik ist es, das als unlösbar geltende Drogenproblem zumindest unter Kontrolle zu halten. Zwar verstößt der Handel mit Softdrugs auch hier gegen das Gesetz – dessen Geist wird aber großzügig interpretiert. Kleinere Mengen (bis zu 5 g) fallen damit unter das Toleranzprinzip. Dafür gilt das Wort »gedogen«, was so viel heißt wie »strafbar, aber nicht strafwürdig«. Am 1. Juni 2012 soll in Amsterdam der »wietpas« eingeführt werden, um Ausländern den Zugang zu den Coffeeshops zu erschweren. Diesen Pass erhalten nur Niederländer, die legal hier wohnen. Mit der Maßnahme soll der »Haschisch-Tourismus« eingeschränkt werden.

HOLLÄNDISCHE SPEZIALITÄTEN

De Kaaskamer   ▶ S. 113, E 4

Delikatessenladen für holländische und ausländische Käsespezialisten.

Centrum • Runstraat 7 • Tram: Spui (c 3)

Eichholtz 👫   ▶ S. 117, E 9

Spezialitäten wie Drops, »Kruidkoek« (Kräuterkuchen), Droste-Schokolade, »Haagsche Hopjes« (Kaffeebonbons).

Centrum • Leidsestraat 48 • Tram: Leidseplein (b 4)

FÜRS KINDERFEST

Kinderfeestwinkel   ▶ S. 117, F 10

Kunterbunter Laden für die Ausstattung von Kinderfesten – vom Limonadenbrunnen bis zu Überraschungskisten.

De Pijp • Gerard Doustraat 65 • Tram: Albert Cuypstraat (c 5) • www.kinderfeestwinkel.nl • Mo–Fr 10–18, Sa 10–17 Uhr

> ### WUSSTEN SIE, DASS …
>
> … die meisten Touristen von der Altstadt und ihren Einkaufsstraßen enttäuscht sind? Sie ärgern sich über die vielen Touristen und vermissen Amsterdamer.

KUNSTMÄRKTE

Antiekcentrum   ▶ S. 113, D 4

Ausgefallenes Antikzentrum mit rund 80 Ständen und noch mehr Vitrinen. Das Angebot reicht von alten Weinflaschen und Jugendstilschmuck bis zu Blechspielzeug. Feste Preise, aber feilschen geht auch.

Jordaan • Elandsgracht 109 • Tram: Leidseplein (b 4) • Mo–Fr 11–18, Sa, So 11–17 Uhr

MÄRKTE

Albert Cuypstraat 👫 ▶ S. 117, F 10

Längster Tagesmarkt der Stadt. Obst, Fisch, Blumen, Klamotten, dazu exotische Imbissstände. Holländischer Käse an verschiedenen Ständen.

De Pijp • Albert Cuypstraat • Tram: Albert Cuypstraat (c 5) • Mo–Sa 9.30–17 Uhr

Blumenmarkt ▸ S. 113, F 4

Der Pflanzen- und Blumenmarkt ist eine viel besuchte touristische Attraktion. Vorsicht jedoch beim Kauf von Blumenzwiebeln, die sind oft von mäßiger Qualität.

Singel • Tram: Koningsplein (b 3) • Mo–Sa 8.30–17.30 Uhr

Dappermarkt ▸ S. 119, E 13

Auf diesem sehr populären, erlebenswerten Tagesmarkt bieten surinamische, marokkanische, schwarzafrikanische, asiatische sowie holländische Händler ihre Waren feil.

Oosterpark • Dapperstraat • Tram: Dapperstraat (e 4) • Mo–Sa 9–16 Uhr

Flohmarkt ▸ S. 114, B 8

Der weithin bekannte Amsterdamer Flohmarkt umfasst das komplette Spektrum: Trödel, Kleidung, Nippes.

Waterlooplein • Metro: Waterlooplein (c 3) • Mo–Sa 9–16 Uhr

MODE

Amsterdams Modeszene hat internationale Verbindungen.

Donna Fiera ▸ S. 113, E 4

Stilvolle und zeitlose Kleidung, u.a. aus Italien, Frankreich, Neuseeland und Deutschland.

Centrum • Huidenstraat 18 • Tram: Spui (c 3)

Hempfashion ▸ S. 113, F 2

Große Auswahl an origineller Kleidung aus Hanf; aber auch andere Hanfprodukte.

Centrum • Haarlemmerstraat 71 • Metro/Tram: Centraal Station (c 2)

Jojo ▸ S. 113, E 4

Outletstore für den Mann. Hier werden Borsalinohüte, Kaschmirjacken, englische Schuhe und Teile aus Restkollektionen verkauft.

Centrum • Huidenstraat 23 • Tram: Spui (c 3)

Lady Day ▸ S. 113, E 3

Exklusive Secondhandmode der Sechziger- bis Achtzigerjahre für Damen und Herren. Auch Outletware, Smokings, Abendkleider.

Centrum • Hartenstraat 9 • Tram: Spui (c 3)

Marlies Dekkers ▸ S. 116, C 10

Verführerisch. In dieser schwarz-rot gestalteten Boutique mit Lounge-Ecke kaufen viele bekannte Amsterdamerinnen luxuriöse Dessous.

Zuid • Cornelis Schuytstraat 13 • Tram: Cornelis Schuytstraat (a 5)

Megazino ▸ S. 113, D 3

Mit seinen 600 qm ist das Outlet-Geschäft einer der größeren Läden für exklusive Kleidung. Neu und Alt hängen durcheinander. Bei Barzahlung 5 % Rabatt.

Jordaan • Rozengracht 207 • Bus/Tram: Rozengracht (b 2)

Van Ravenstein ▸ S. 113, E 3

Mode aus Antwerpen ist längst kein Geheimtipp mehr, hier werden die überraschenden Modelle verkauft.

Centrum • Keizersgracht 359 • Tram: Spui (c 3)

PRALINEN UND TORTEN
Puccini Bombini ▸ S. 114, A 8

Pralinen ohne Farbstoffe, dafür aber 40 g schwer, denn Holländer – so die Puccini-Philosophie – wollen etwas haben für ihr Geld.

Vom Frühjahr bis zum Herbst bietet Unlimited Delicious (▶ S. 35) neben ausgefallenen Schokoladen auch das – nach eigenen Angaben – beste Eis der Stadt.

Centrum • Staalstraat 17 • Metro: Waterlooplein (d 3) • www.puccini bomboni.com

Unlimited Delicious ▶ S. 113, F 2

Raffinierte Schoko-Delikatessen, die nach Jasmintee, Cassis oder rotem Pfeffer schmecken. Spezialitäten: Brownies, Boston Cheesecake, Himbeer-Cassistorte, Lolli mit Haselnuss, kandierter Knoblauch und Trüffel mit Apfelsirup.
Centrum • Haarlemmerstraat 122 • Metro/Tram: Centraal Station (c 2) • www.unlimiteddelicious.nl

SEXARTIKEL

Unter dem Deckmantel freier Kunst verkauften die Amsterdamer schon vor 300 Jahren Nackedei-Gravuren. Seit den Sechzigerjahren kennt der Amsterdamer Handel bei aphrodisierenden und pornografischen Waren keinerlei Hemmungen mehr. Vor allem an den »walletjes« und ihren Quergassen finden schockfeste Flaneure alles Erdenkliche, etwa das Goldene Vlies (Warmoesstraat 141).

WARENHÄUSER

Bijenkorf ▶ S. 113, F 3

Das größte Warenhaus der Stadt hat eine riesige Auswahl und führt internationale Spitzenartikel.
Centrum • Damrak • Bus/Tram: Dam (c 2)

De Kalvertoren ▶ S. 113, F 4

Großzügiges, modernes Shoppingcenter, zahlreiche Boutiquen.
Centrum • Kalverstraat/Heiligeweg • Tram: Rokin (c 3)

Magna Plaza ▶ S. 113, F 3

Boutiquen auf drei Etagen im Gebäude der ehemaligen Hauptpost.
Centrum • N. Z. Voorburgwal 182 • Bus/Tram: Dam (c 2)

Am Abend
Amsterdam bietet 16 500 kulturelle Veranstaltungen im Jahr – mehr als manche Millionenstadt: vom kostenlosen Mittagskonzert bis zur Komödie. Und in den Clubs trifft Jung auf Schön.

◄ Im Concertgebouw (► S. 41) steht neben klassischen Konzerten auch Jazz auf dem Programm.

Für Besucher, die sich in Amsterdam nur wenig oder gar nicht auskennen, ist es sicher am sinnvollsten, sich an die Informationsbörse (Amsterdams Uitburo, AUB ► S. 105) zu wenden. Dort kann man Tickets für alle Aufführungen und Konzerte erwerben. Für Aufsehen erregende Veranstaltungen wird man aber selten im letzten Moment Karten bekommen. Die wichtigsten Häuser sind das Carré, das Concertgebouw (► S. 41) und das Muziektheater/Stopera (► S. 41). Wer nicht weiß, wo er den Abend beginnen soll und sich lieber erst mal treiben lassen möchte, kommt am Leidse- und am Rembrandtplein am ehesten in Kontakt mit anderen. In dieser Gegend konzentriert sich das Nachtleben.

Jazz am Wasser

Die Angebotspalette für die Abendgestaltung ist schier unerschöpflich, und alles ist recht gut zu Fuß zu erreichen.

Besucher mit Interesse für moderne Musik sollten das architektonisch reizvolle Muziekgebouw am Passagier Terminal besuchen. Das Jazzhaus Bimhuis und das Zentrum für neue Musik Ijsbreker haben hier ihr Domizil.

Das Ausgehleben wird auch in Amsterdam nicht mehr von bestimmten Trends geprägt. Gefragt ist, was innovativ ist und Spaß macht. Gut besucht sind nur jene Adressen, die auf jedem Gebiet Qualität bieten, und da wechselt die Szene rasch.

Wer in den Sommermonaten Juni bis August in der Stadt ist, kann auf der Open-Air-Bühne im Vondelpark ein buntes Programm erleben: Theater, Popmusik, Klassik und Tanz.

Interessant ist auch das Pantomimentheater. Am besten bummelt man durch die »Theaterstraße« hinter dem Rokin, die Nes. Dort kann man Atmosphäre schnuppern und die Theatercafés besuchen. Beachtenswert sind Brakke Grond (Flämisches Theater), Frascati (Niederländisches Theater) und Engelenbak (Experimentiertheater mit Amateuren).

In den Kinos laufen die Filme grundsätzlich in der Originalfassung – eine Möglichkeit, die tatsächlichen Stimmen der Stars kennenzulernen.

Kleider machen Leute

Auch in Amsterdam gibt es Dresscodes: Mit einer Cordhose kann man zwar ins Muziektheater gehen, aber im angesagten Nachtclub sollte man richtig gestylt sein. Viele Clubs veranstalten Themennächte für ein spezielles Publikum. Vorher informieren!

Früh am Abend zieht es viele zum »Melkweg« (Musik, Theater). Die Discos füllen sich erst gegen 23 Uhr und sind dann bis 4 Uhr geöffnet. Stets wird Eintritt verlangt (5–25 €), und es gibt eine »Gesichtskontrolle«. Aktuelle Infos zu allen Veranstaltungen erhält man beim Touristenamt und dem Ticket Office (AUB), sie liegen aber auch in Cafés aus.

Das weltberühmte Rotlichtviertel in der Altstadt ist städtische Keimzelle, und die belebte Warmoesstraat war einst die prächtigste Straße der Grachtenstadt. Vom frühen Nachmittag bis in den Morgen drängen sich hier nicht nur Schaulustige aus aller Welt, sondern auch versierte Taschendiebe und Kriminelle. Seit dem Mittelalter ist das Gebiet Bordellzone; heute sind die Bordelle legal, und die Prostituierten müssen Steuern und Sozialabgaben leisten.

Im ältesten Viertel der Stadt gibt es aber nicht nur Frauen hinter Schaufenstern zu sehen, sondern auch malerische Grachten, verträumte Ecken, typische Geschäfte und eine große Auswahl an Pubs, Kneipen, Restaurants, Stehimbisse, Esscafés. Die chinesischen, surinamischen oder japanischen Adressen sind ein kulinarisches Abenteuer wert.

Der internationale Lockreiz des Viertels beruht auf dem offenen Bekenntnis zu allen Trieben. Allein die Nachtschicht der jungen Mädchen der »walletjes« hat, so wird kolportiert, fünfmal so viele Besucher wie die »Nachtwache« im Rijksmuseum. Tipps und Anregungen: www.party scene.nl

CLUBS UND CAFÉS MIT MUSIK

Boom Chicago   ▸ S. 117, E 9

Beliebte Bar mit Disco und Comedyprogramm. Englischsprachig.
Centrum • Leidseplein 12 • Tram: Leidseplein (b 4) • tgl. ab 20.15 Uhr

Bourbon Street   ▸ S. 117, E 9

Musikclub am Leidseplein mit Blues und Rock. Internationale Künstler.
Centrum • Leidsekruisstraat 6–8 • Tram: Leidseplein (b 4) • Di–So ab 22 Uhr

Lellebel   ▸ S. 118, A 13

Erste Transvestitenbar der Stadt.
Centrum • Utrechtsestraat 4 • Tram: Rembrandtplein (c 3) • Mo–Do 21–3, Fr–So 20–4 Uhr

The Wave   ▸ S. 117, E 9

Angenehmer Kulturschock. Chinesische Karaokebar, beliebt bei Studenten und Neugierigen. Asiatische Hits, chinesische Spiele und Ginsengtee.
Centrum • Kerkstraat 23 • Tram: Keizersgracht (c 4) • Mo–Sa 21–3 Uhr • freier Eintritt

DISCOS/SZENETREFFS

Der Rembrandtplein und die Gegend um die Reguliersdwarsstraat sind die Zentren der abendlichen und nächtlichen Szene. In manchen Clubs sind Jeans und Turnschuhe nicht erlaubt, und einige Türsteher sind bei ihrer Entscheidung knallhart. Die Art-déco-Kneipe Café Schiller (Rembrandtplein 26–36) ist für den späten Abend vorgemerkt.

Arena Tonight   ▸ S. 118, C 13

In der Szene gilt diese Adresse als unausweichliche Etappe. Hier legen die besten DJs der Stadt ihre Musik auf. Livegruppen, exotische Drinks.
Oost • s'Gravesandestraat 51 • Tram: s'Gravesandestraat (d 4) • Fr–Sa ab 21 Uhr

Jimmy Woo   ▸ S. 117, E 9

Stimmungsvoller, fernöstlich eingerichteter schicker Club, Musik zwischen Techno und Hip-Hop. Junges Publikum, strenge Türpolitik.
Centrum • Korte Leidsedwarsstraat 18 • Tram: Leidseplein (b 4) • www.jimmywoo.com • Mi–So ab 22 Uhr

Melkweg   ▸ S. 113, D 4

Aus dem berühmten Hippietempel wurde ein modernes Ausgehzentrum. Theatersaal »The Max«, Ausstellungsräume, Café, Livemusik.
Centrum • Lijnbaansgracht 234a • Tram: Leidseplein (b 4) • www.melkweg.nl • wechselnde Öffnungszeiten

More
▶ S. 113, D 3

Der Hangout-Treff für die »hip &
happening«-Szene füllt die Lücke
des legendären Roxy. 800 Plätze.
Jordaan • Rozengracht 133 • Tram:
Westermarkt (b 2) • Do–Sa ab 23,
So 17–24 Uhr • Eintritt ab 10 €

Odeon
▶ S. 113, F 4

In diesem Herenhuis aus dem 17. Jh.
treffen sich Tradition und die An-
sprüche der jungen Szene. Mit
Lounge, Café, Disco.
Centrum • Singel 460 • Tram: Koningsplein (c 3) • Fr, Sa ab 23 Uhr

Panama
▶ S. 115, E 7

Nachtclub in alter Hafenhalle mit
Theater, Tanz und DJs mit Vorliebe
für House, Techno und Soul. Fr, Sa:
»Dine & Diner« mit DJ ab 21 Uhr.
Ijkade • Oostlijke Handelskade 4 •
www.panama.nl • Tram: Rietlandpark (e 2)

Paradiso
▶ S. 117, E 9

Dieses Technozentrum in einer ent-
weihten Kirche bestätigt all das, was
die calvinistischen Prediger an Amsterdam so verdammen. Die Akustik
der Kirche für Popmusik ist legen-
där. Wechselnde Veranstaltungen.
Centrum • Weteringschans 6–8 • Tram:
Leidseplein (b 4) • www.paradiso.nl

Sugar Factory
▶ S. 113, D 4

Wechselnde DJs und Livemusik in
vielen Stilrichtungen, wie Pop, Ur-
ban, Funk, Minimal und Vocal.
Centrum • Lijnbaansgracht 238 • Tram:
Leidseplein (b 4) • Do–Sa ab 21 Uhr

The Mansion
▶ S. 117, E 9

Die kleinen Räume schaffen Stim-
mung. Nettes Personal und Türsteher der angenehmeren Sorte.
Museumskwartier • Hobbemastraat 2 •
Tram: Hobbemastraat (b 4) • Do, Fr ab
18, Sa ab 22 Uhr

Im Art-déco-Kino Tuschinski-Filmpalast (▶ S. 40) laufen aktuelle Streifen. Pathé-
Kinos gibt es auch in anderen niederländischen Städten.

Zebra Lounge   ▸ S. 117, E 9

Hipper Nachtclub mit zwei Tanzflächen. Bekannte DJs drehen ihre oft zuckersüße Tanzmusik auf. Viel Glamour und Glitzer.
Centrum • Korte Leidsedwarsstraat 14 • Tram: Leidseplein (b 4) • Mo, Do und So 22–3, Fr, Sa 22–5 Uhr

In Amsterdam ist auch der Rotlichtbezirk (▸ S. 38) eine Sehenswürdigkeit.

GAY- UND LESBENSZENE

Rund 20 Jahre war Amsterdam die »gay capital of the world«. Inzwischen teilen sich Barcelona, London und Berlin den Titel. Aber die Szene ist noch immer sehr lebendig und multiethnisch, belebt von Surinamern, Marokkanern, Türken oder Antillianern. Das Ausgehleben spielt sich noch immer in den Seitenstraßen vom Rembrandtplein (»Club Roque«, Amstel 178, »Fifty Four«, Amstel 54), Zeedijk (»De Barderij«, Zeedijk 14, »The Queens«, Zeedijk

20) und in der Reguliersdwarsstraat ab. www.amsterdam4gays.com und www.gayamsterdam.com

HOTELS

Golden Bear   ▸ S. 117, E 9

Amsterdams erstes Gay-Hotel.
Centrum • Kerkstraat 37 • €

ITC   ▸ S. 118, A 13

Gemütliches Grachtenhaus.
Centrum • Prinsengracht 1051 • www.itc-hotel.com • 20 Zimmer • €

DISCOS

Bump   ▸ S. 117, E 9

Wurde 2011 zur besten Gay/Lesbian Bar und Disco gewählt
Centrum • Kerkstraat 23 • www.barbump.nl • Mi–Do 17–1, Fr–Sa 1/–3, So 17–1 Uhr

Vivelavie   ▸ S. 114, A 8

Frauendisco ab 16 Uhr.
Centrum • Amstelstraat 7

KINOS

EYE Film Instituut   ▸ S. 114, A 5

Das neue, in futuristischer Architektur am Ij errichtete Hauptquartier des Niederländischen Filminstituts zeigt besondere und alternative Filme in vier Kinosälen.
Noord • Ijpromenade 1 • Bus: Buiksloterwegveer (d 1) • www.eyefilm.nl

Pathé Tuschinski-Filmpalast
▸ S. 113, F 4

Das aufregendste Kino Amsterdams wurde 1921 im Art-déco-Stil erbaut. Das reich geschmückte Filmtheater ist Schauplatz spektakulärer Premieren. Daneben kommen hier auch klassische Musik und Jazz zur Aufführung. Alle 14 Tage finden samstags Führungen durch den Filmpa-

last statt (10 Uhr, Dauer ca. 90 Min., Eintritt 10 €).
Centrum • Reguliersbreestraat 26 • Tram: Rembrandtplein (c 3) • Tel. 4 28 10 60 • www.tuschinski.nl

The Movies ▶ S. 113, E 1

Anspruchsvolle Filme im Art-déco-Interieur. Kino-Café mit Restaurant.
Centrum • Haarlemmerdijk 161 • Tram: Haarlemmerplein (b 1)

MUSIK/THEATER

Die bekanntesten Bühnen sind Stadsschouwburg und Muziektheater. Engelenbak und Felix Meritis haben einen guten Namen im Genre Experimentaltheater und Pantomime.

Concertgebouw ▶ S. 117, D 10

Das Mekka der niederländischen Klassikfans wurde 1888 eingeweiht (▶ S. 57). Im selben Jahr konstituierte sich auch das Concertgebouw-Orchester. Jeden Mittwoch von Oktober bis Juni Gratis-Mittagskonzerte (12.30–13 Uhr).
Zuid • Concertgebouwplein 2–6 • Tram: Museumplein (b 5) • Tel. 6 71 83 45 • www.concertgebouw.nl • Infotelefon für Karten, die 24 Std. vor der Vorstellung noch erhältlich sind: 5 73 05 11

De Stadsschouwburg ▶ S. 117, E 9

Das 1894 eröffnete Stadttheater ist ein aufwendig verzierter Neorenaissancebau. Auf dem Programm stehen internationale Stücke.
Centrum • Leidseplein 26 • Tram: Leidseplein (b 4) • Tel. 6 42 23 11

Last Minute Ticketshop
▶ S. 117, E 9

Kurzentschlossene können beim Last Minute Ticketshop Konzert- oder Theaterkarten für den gleichen

MERIAN-Tipp ◆ 6

KULTURPARK WESTERGASFABRIEK ▶ S. 113, D 1

Mit einem ganz besonderen Flair lockt diese ehemalige Gasfabrik, ein Kunstzentrum, das zum Kulturpark ausgebaut worden ist. Theater, Konzert, Musik, Tanz, Restaurant, Sonnenterrasse und Kino.
Westerpark • Pazannistraat 41 • Bus/Tram: Haarlemmerplein (b 1) • www.westergasfabriek.nl

Abend zum halben Preis ergattern.
Centrum • Leidseplein 26/Ecke Marnixstraat • www.lastminuteticketshop.nl • Tram: Leidseplein (b 4) • tgl. 12–19.30 Uhr

Muziekgebouw aan 't Ij
▶ S. 114, C 6

Am Wasser, gleich hinter der Centraal Station, erhebt sich das Musikzentrum. Das traditionsreiche Jazzhaus Bimhuis und das Zentrum für neue Musik, De Ijsbreker, erhielten hier eine neue Bühne. Außerdem große Veranstaltungen, etwa das Holland Festival.
Ijkade • Piet Heinkade 1 • Tram: Piet Heinkade (d 2) • Tel. 7 88 20 00 • www.muziekgebouw.nl

Muziektheater ▶ S. 114, A 8

Das städtische Musiktheater, auch »Stopera« (▶ S. 70) genannt, hat seine kontroversen Zeiten hinter sich. Heute ist es das Stammhaus für das Nationalballett, das Ballettorchester und die Niederländische Oper.
Centrum • Amstel 3 • Metro: Waterlooplein (d 3) • Tel. 6 25 54 55, 09 00/01 91

Feste und Events
Amsterdam feiert auf karibische, asiatische und holländische Art, dazu gibt es Jazz und Theater, Blumen und die Königin. Besonders stimmungsvoll ist das Grachtenfestival im August.

◄ Die Farbe Orange ist am Koninginnedag, dem »Tag der Königin« (► S. 43),
allgegenwärtig.

FEBRUAR
Chinesisches Neujahr

Die chinesische Gemeinde feiert ihr
Neujahrsfest mit Löwentanz und Feuerwerk rund um den Nieuwmarkt.
1. Februar

APRIL
Koninginnenacht

In der Nacht vor dem nationalen
Festtag findet im Centrum »Die
Nacht der Königin« mit viel Musik,
Gesang und Alkohol statt.
29. April

Koninginnedag

Der Königinnentag ist der nationale
Festtag, an dem die Holländer den
Geburtstag von Königin Juliana aus-
giebig feiern. Königin Beatrix, ei-
gentlich am 31. Januar geboren, be-
hielt den 30. April als Feier- und Festtag bei. Auch Thronfolger Willem-
Alexander hat versprochen, dass
auch in Zukunft, wenn er König sein
wird, dieser Festtag gefeiert wird.
Obwohl im ganzen Land Ausgelas-
senheit herrscht, ist das Epizentrum
der Festfreude Amsterdam. Je nach
Wetter reisen zwischen 500 000 und
einer Mio. Menschen zum Feiern in
die Hauptstadt. Der freie Tag ist auch
ein riesiger Flohmarkt, denn jeder
darf alles, was er nicht mehr benö-
tigt, verkaufen. Die Wappenfarbe des
Herrscherhauses ist Orange, und
diese Farbe dominiert die Stadt. Man
trägt orangefarbene Kleidung, trinkt
orangefarbenen Schnaps, nascht
orangefarbene Snacks oder ist oran-
gefarben geschminkt. An diesem Tag
treibt man auch seinen Spott mit

den Mitgliedern des Königshauses,
denen die Amsterdamer aus Über-
zeugung kritisch gegenüberstehen.
30. April • www.koninginnedag
amsterdam.nl

MAI
Dodenherdenking

Der 4. Mai gilt als nationaler Trauer-
tag. Am Totengedenktag wird an die
Verbrechen der deutschen Besatzung
und an die Opfer des Krieges erinnert. Königin Beatrix legt an diesem
Tag am Nationaldenkmal am Dam
einen Kranz nieder.
4. Mai

Befreiungstag

Am 5. Mai 1945 unterzeichnete der
Befehlshaber der deutschen Truppen
im Land die Kapitulation. Open-Air-
Festival auf dem Museumplein.
5. Mai

Drum Rhythm

Die aktuellen Trends in Hip-Hop,
Reggae und R&B werden bei diesem
drei Tage dauernden Festival gespielt.
Ende Mai • Westergasfabriek

JUNI
Holland-Festival

Theaterfestival mit internationalen
Gastspielen auf den Bühnen der
Stadt sowie im Muziekgebouw, im
Concertgebouw, in der Stads-
schouwburg und im Muziektheater.
Anfang bis Ende Juni • www.holland
festival.nl

Open Air

Im Vondelpark finden zwischen Juni
und August viele kostenlose Musik-
und Theatervorstellungen statt.
Juni bis Ende August • Tel. 6 78 16 78 •
www.openluchttheater.nl

JULI
Julidans
Mit den Nationalballetts im Musiktheater und internationalen Theatergruppen.
1. Julihälfte • www.muziektheater.nl

AUGUST
Gay Pride
Ein Jahr lang fiebert die Szene auf diese swingende Bootstour hin, und etwa 450 000 Besucher wollen sich das Ereignis nicht entgehen lassen.
Erster Samstag im August • www.gayprideamsterdam.nl

De Parade
Theater- und Kleinkunstfestival, das im Sommer in vier holländischen Städten gastiert.
Anfang August • Martin Luther King-park • www.deparade.de

Grachtenfestival
Es gibt in Amsterdam kaum eine schönere Kulisse als die hell erleuchteten Grachten am Abend. Über 160 Konzerte mit (inter-)nationalen Musikern lassen die Stadt vibrieren. Überall erklingt Musik: Auf dem Wasser, in Innenhöfen, historischen Räumen und monumentalen Grachtenhäusern. Ein Highlight sind die Konzerte vor dem Hotel Pulitzer (▸ S. 13) in der Prinsengracht.
Mitte bis Ende August • www.grachten festival.nl

Uitmarkt
Straßenfest mit Theater, Musik und Lesungen. Beginn und Vorschau auf die kommende Kultursaison. Festivalort: zwischen Dam und Waterlooplein.
Letztes Augustwochende • www.uitmarkt.nl

SEPTEMBER
Jordaan-Festival
Volksfest im gleichnamigen Viertel.
Anfang September

Tag der Baudenkmäler
Viele historische Bauwerke öffnen für einen Tag ihre Pforten.
2. Sonntag im September • www.openmonumentendag.nl

Muziekfestival
Freilichtkonzerte im Hafengebiet.
Mitte September • www.overhetij.nl

China-Woche
Amsterdams Chinesen feiern auf dem Nieuwmarkt ihre traditionelle China-Woche.
Ende September • Tel. 09 00/4 00 40 40

OKTOBER
Amsterdam Marathon
20 000 Menschen erkunden die Stadt in Laufschuhen.
3. Sonntag im Oktober • www.amsterdammarathon.nl

NOVEMBER
Museumsnacht
Rund 45 Museen und Galerien laden zu einem spektakulären Abend ein.
1. Samstag im November • www.n8.nl • Tel. 5 27 07 85

St. Nikolaus
Festumzug von der St. Nicolaaskerk zum Leidseplein.
2. Sonntag im November

DEZEMBER
Oudejaarsavond
Immer mehr Besucher erleben Silvester in der Grachtenstadt mit einem spektakulären Feuerwerk.
31. Dezember

HAUPTSACHE UNGEWÖHNLICH.

Familientipps
Mit wilden Tieren, einem Ausflug ins Weltall, unter singenden Matrosen oder auf einem afrikanischen Markt wird Amsterdam auch für Kinder zum unvergesslichen Abenteuer.

◄ Wissenschaft kann spannend sein, wie das NEMO-Center (▶ S. 77) beweist.

Artis ▶ S. 114/115, C/D 8

Artis ist mehr als ein Zoo! Außer Wildtieren gibt es ein Planetarium, ein Aquarium, ein Reptilienhaus, eine afrikanische Savanne, einen Kinder-Bauernhof sowie Tiere der Nacht. Ein Diorama zeigt eine dreidimensionale Dünenlandschaft.

Plantagenviertel • Plantage Kerklaan 38–40 • Tram: Plantage Kerklaan (d 3) • www.artis.nl • tgl. 9–18 Uhr • Eintritt 18,95 €, Kinder 3–9 Jahre 15,50 €

Dreimaster »Amsterdam«
▶ S. 114, C 7

Traditionelles Seemannsleben wird regelmäßig von Akteuren in historischer Kleidung auf der rekonstruierten »Amsterdam« (▶ S. 51) nachgespielt. Auf dem Dreimaster erleben Kinder, wie hart das Leben an Bord eines Schiffes im 17. Jh. gewesen ist. Auch die Zimmermannsarbeit, der Markt (im Sommer) und das Schifffahrtsmuseum bieten spannende Abwechslung.

Zeeburg • Oosterdok 2, neben dem Scheepvaartmuseum (▶ S. 77) • Bus: Kadijksplein (d 3) • tgl. 9–17 Uhr • mit Eintrittskarte Scheepvaartmuseum

Tropenmuseum Junior im Tropenmuseum ▶ S. 119, D 13

In der nordöstlichen Ecke des Oosterparks befindet sich das Tropenmuseum mit einem speziell für Kinder konzipierten Erlebnismuseum. Die Mitarbeiter vermitteln den Kindern die Lebensweisen fremder Kulturen anhand von Beispielen. Es wird gesungen, musiziert und getanzt. Anschließend besucht man das Tropenmuseum mit seinen wechselnden Ausstellungen. Im Restaurant Ekeko gibt es eine große Auswahl an tropischen Fruchtsäften und exotischen Gerichten.

Oosterpark • Linnaeusstraat 2 • Tram: Mauritskade (e 3) • www.tropenmuseum.nl, www.kindermuseum.nl • wechselnde Öffnungszeiten • Eintritt 9 €, Kinder 5 €, Familienkarte 25 €

NEMO Technology Center ▶ S. 77

Puppentheater ▶ S. 113, F 3

Vor dem Königlichen Palast spielt seit mehr als 130 Jahren ein Puppentheater Geschichten von Jan Klaassen, dem niederländischen Kasperl.

Centrum • Dam • Tram: Dam (c 2) • Mai–Okt. Mi, Sa und So am frühen Nachmittag

Speelpark TunFun ▶ S. 114, B 8

Unterirdisches Kinderparadies beim Waterlooplein. Auf 4000 qm locken Rutschbahnen, Klettergerüste, Malwände, eine Kinderdisco und ein Café. Ein Erwachsener als Begleiter.

Centrum • Mr. Visserplein 7 • Metro: Waterlooplein (d 3) • www.tunfun.nl • tgl. 10–18 Uhr • Eintritt 7,50 €

Vondelpark ✖ ▶ S. 116, B/C 10

Wer hätte das gedacht, wenn er das Kreischkonzert von Papageien im Geäst hört und Schwärme von Halsbandsittichen, eine asiatische Papageienart, herumfliegen sieht: Rund 2000 der knallgrünen Vögel sollen inzwischen im Vondelpark leben. Am Groot Melkhuis befindet sich ein schöner Kinderspielplatz.

Oud Zuid • Tram: Leidseplein (b 4)

👫 Weitere Familientipps sind durch dieses Symbol gekennzeichnet.

Die Westerkerk (▶ S. 71) ist eines von Amsterdams Wahrzeichen. Das Gebäude ist außerdem die Grabstätte des weltberühmten Malers Rembrandt.

Unterwegs
in Amsterdam

Das Bilderbuch-Amsterdam mit seinen alten Vierteln, verträumten Grachten und stillen Plätzen entdeckt man am besten bei einem Spaziergang.

Sehenswertes

Bereits in vergangenen Jahrhunderten bezeichneten Reisende die Stadt als »kunterbuntes Panoptikum«. Das ist sie auch heute noch und dementsprechend ein Dorado für Entdeckungslustige.

◄ Eindrucksvoll ist der Nachbau der »Amsterdam« (▸ S. 51), eines der großen Schiffe der Ostindienfahrer.

Um die heutige Stadt zu begreifen, muss man durch ihre Vergangenheit streifen. Amsterdam ist eine ideale Stadt für Müßiggänger, und das Radfahren sollte man ihren Bewohnern überlassen. Auch das Reiten war Fremden hier einst verboten. Flanieren an den Grachten, durch Gassen, über Brücken – sich treiben lassen oder im Café vor sich hinträumen. Das Zentrum ist geprägt von seiner Vergangenheit, dem »Goldenen Jahrhundert«, als die Stadt zur Metropole aufstieg, Traumziel von Flüchtlingen und Immigranten aus ganz Europa war und zu einem Phänomen wurde, das seinesgleichen auf der Welt suchte. An diesem Ort kann man Betrachtungen über den »Unbestand aller irdischen Dinge anstellen«, wie Johann Peter Hebel im »Kannitverstan« schrieb, kommt dabei aber möglicherweise doch zu anderen Schlüssen, denn: Nichts hat in Amsterdam festen Boden – die Stadt selbst schon gar nicht, da alles nur auf Baumstämmen ruht.

Amstel ▸ S. 118, C 16–S. 116, B 11

Der Fluss kommt aus den Amstelländer Niederungen, durchströmt Amsterdam von Süden bis zum Münzturm, geht in den Singel über, den ältesten Graben der Stadt, speist links und rechts die Grachten und mündet in die Förde Het Ij. Ein Sieldamm in der Mündung dieses Wasserlaufs hat der Stadt den Namen Amsterdam (Amsteldamm) gegeben. Im 17. Jh. endete die Stadt südwärts an der heutigen Stadhouders- und Mauritskade. Bis zu dieser Kreuzung der früheren Wälle mit der Amstel liegen drei Schleusentore zum Hochwasserschutz. Die äußere Schleuse wird geschlossen, wenn das Wasseramt die Grachten durchspült. An der alten Stadtgrenze (Toronto-Brücke) beginnt der Amsteldijk, der seit 400 Jahren hinaus ins Grüne führt.

»Amsterdam« 👤👤 ▸ S. 114, C 7

Jahrelang bauten die Amsterdamer mit staatlicher Förderung die »Amsterdam« nach: eines der großen Segelschiffe, die seit Ende des 16. Jh. den Seehandel mit dem Fernen Osten betrieben haben und »Ostindienfahrer« genannt wurden. 4700-mal hat die Vereinigte Ostindische Kompanie (VOC) derartige Handelsschiffe zwischen 1602 und 1795 aufs Meer geschickt. Es waren jeweils 200 bis 350 Mann an Bord, 1400 Schiffe gingen mit Mann und Maus unter. Die übrigen schleppten große Mengen exotischer Güter vor allem aus Indien, Ceylon, China, Siam, Japan und Indonesien an. Die Reisen dauerten durchschnittlich eineinhalb Jahre, die Schiffe mussten Taifune und Piraterie überstehen. Amsterdam übernahm die Hälfte der Reedereigeschäfte, die von 17 mächtigen Handelsfürsten, den »Heeren XVII«, überwacht wurden.

Bei der neuen »Amsterdam« handelt es sich um eine Nachbildung des gleichnamigen Ostindienfahrers, der 1749 vor der englischen Küste bei Hastings untergegangen ist. Funde aus diesem Wrack sind an Bord im Schifffahrtsmuseum (▸ S. 77) zu sehen. Der original nachgebaute Segler ist Blickfang und Prunkstück des Scheepvaartmuseums. Im Sommer und bei gutem Wetter spielen Schauspieler in historischen Kostümen das

Leben an Bord nach, und in der »Schiffsküche« wird gekocht.

Zeeburg • Osterdok 2, neben dem Scheepvaartmuseum (▸ S. 77) • Bus: Kadijksplein (d 3) • tgl. 9–17 Uhr • mit Eintrittskarte Scheepvaartmuseum

Amsterdam ArenA   ▸ S. 95, b 4

Ein hochmoderner multifunktionaler Sportkomplex. Das 180 mal 235 m große und 78 m hohe Stadion mit einem gewaltigen gläsernen Schiebedach ist »Heimatplatz« des Fußballklubs Ajax Amsterdam. Außerdem werden hier Shows und Konzerte veranstaltet.

Bijlmer • Metro: Bijlmer • www.amster damarena.nl • Führungen, Auskunft: Tel. 3 11 13 36 • www.ajax.nl

Amsterdam Centraal   ▸ S. 114, A 6

Am eindrucksvollsten ist der Hauptbahnhof, Amsterdam Centraal, wenn man ihn von außerhalb, vom Stationsplein, betrachtet. Der Bahnhof, auf drei künstlichen Inseln und 8687 Pfählen errichtet, sieht dem Rijksmuseum ähnlich – und das hat seinen Grund, denn beide Bauwerke wurden vom Kirchenarchitekten Petrus Cuypers entworfen. Acht Jahre wurde an dem monumentalen Bauwerk aus rotem Ziegelstein gearbeitet. Am 15. Oktober 1889 war das gute Stück im Stil der holländischen Neogotik, das nicht jedermanns Geschmack ist, fertig. Seit 2004 wird das Bauwerk modernisiert.

Der Bahnhof ist sozusagen das Herz der Stadt, mehr als 1400 Züge verkehren hier täglich. Von hier aus kann man etwa mit dem Thalys in gut vier Stunden nach Paris oder mit dem ICE in vier Stunden nach Frankfurt reisen. Außerdem wird gerade eine neue Metrostation gebaut,

die auch damit verbundene Absperrungen und Umwege zur Folge hat.

Auf dem Bahnsteig 2a gibt es das »Erste-Klasse-Restaurant« im Stil der Belle Époque. Auf demselben Bahnsteig findet man das Informationsbüro des Verkehrsamts.

Schlendert man durch die Haupthalle zur anderen Seite, steht man vor dem Fluss Het Ij; von hier fahren die Fähren nach Amsterdam-Nord, und hier legen die Ausflugsdampfer und Passagierschiffe ab. Vom Stationsplein, wo die Straßenbahnen, Busse und Rundfahrtboote abfahren, sollte die imposante Fassade näher betrachtet werden. Maritime Allegorien schmücken die Front ebenso wie die Winduhr – Erinnerungen an die glorreiche Vergangenheit der Stadt. Links vom Bahnhof – irgendeine Gruppe macht hier immer Musik – steht das weiße Smits Koffiehuis (im selben Haus befindet sich auch das Verkehrsbüro und eine Infostelle des öffentlichen Nahverkehrs). Der Haupteingang, durch den täglich 260 000 Reisende strömen, ist nach Bauarbeiten wieder zugänglich.

Centrum • Metro/Tram: Centraal Station (c 2)

Amsterdam-Schiphol   ▸ S. 95, a 4

Der internationale Flughafen liegt rund 12 km von Amsterdam entfernt. In Schiphol werden jährlich 35 Mio. Passagiere abgefertigt. Der drittgrößte Flughafen Europas, der auf dem Gebiet eines 1849 bis 1852 trockengelegten Sees des Haarlemermeers liegt, ist mit ungefähr 50 000 Beschäftigten der größte Arbeitgeber der Region. Auf dem Weg zum unterirdischen Bahnhof – mit dem Zug ins Zentrum zu fahren, ist die schnellste und preiswerteste Möglichkeit – kommt man ins moderne Einkaufszentrum Schiphol-Plaza. Aber auch der Flughafen selbst bietet diverse Unterhaltungsmöglichkeiten, etwa Schiphol World mit zahlreichen Sehenswürdigkeiten oder Schipholscoop, eine sehr schöne Panoramaterrasse. Außerdem sehenswert: die Rijksmuseum-Dependance zwischen Pier E und F mit zehn Bildern aus dem 17. Jh., u.a. von Rembrandt und Jan van Steen.

Hoofddorp • Bahnhof: Airport Schiphol • www.schiphol.nl

Amsterdamse School
▸ S. 113, nördl. D 1

So wird die expressionistische Architekturströmung von 1915 bis 1925 genannt. Die idealistischen Architekten erbauten für Arbeiter helle und schöne Wohnungen. In Form eines Ozeandampfers hat Architekt Michel de Klerk 1919 »Het Schip« geschaffen. Für die Bewohner hat der Bau mit den avantgardistischen Giebelformen am Spaarndammer Plantsoen aber auch Nachteile: 81 Fenster in einer 65 qm großen Wohnung müssen geputzt werden. Im ehemaligen Postamt des Wohnblocks ist eine Ausstellung zur »Amsterdamer Schule« zu sehen. Führungen auf Anfrage.

Spaarndammer Plantsoen 140 • Bus: Zaanstraat • www.hetschip.nl • Mi–So 13–17 Uhr

Begijnhof
▸ S. 113, F 4

Dieses Refugium des Ordens der Beginen wird von den Holländern »Hartje stad« genannt. Eine zauberhafte Schöpfung der Jahrhunderte, die 1982 bis 1987 liebevoll restauriert wurde. Trotz der Schutzpatronin, der hl. Ursula, blieb die 1346

gestiftete Anlage von den Stadtbränden nicht verschont. Die Häuser aus dem 17. und 18. Jh. hinter dicken alten Bäumen sind weitgehend erhalten. 105 Amsterdamerinnen wohnen heute in den 41 Giebelhäusern hinter den kleinen Pforten. Ein

MERIAN-Tipp 7

HAFENFÄHRE NACH AMSTERDAM NOORD

Der Stadtteil, der sich aus mehreren Dörfern wie Schellingwoude, Nieuwendam oder Oostzaan zusammensetzt, gehört zu den ältesten Bezirken der Hauptstadt. Einst waren hier Fabriken und Werften angesiedelt, mittlerweile wurde das Gebiet saniert, und es entstehen Wohnanlagen. Vor allem aber wird diese Gegend das neue kreative Zentrum Amsterdams werden, mit Theater-, Film- und Medienunternehmen. Die Stadt möchte der »Brutkasten« der europäischen Kreativszene werden und – so das ehrgeizige Ziel – ihren Konkurrenten Berlin und Barcelona den Rang ablaufen. Der Musiksender MTV hat hier bereits sein europäisches Hauptquartier angesiedelt. Ein beliebter Treffpunkt der Szene ist die gläserne Brasserie »Ij-Kantine« in der ehemaligen Montagehalle »Baanderij« mit großer Sonnenterrasse. Neuestes Highlight ist das EYE Film Instituut (▸ S. 40).

Oostzaan • NDSM-Hafen • M.T. Ondinaweg 15–17 • Tel. 6 33 71 62 • www.ijkantine.nl • Ij-Fähre ab Centraal Station (c 1) • tgl. 9–22/23 Uhr • €

Der Begijnhof (▶ S. 53) mit seinem idyllischen Garten geht auf ein mittelalterliches Wohnstift für katholische Frauen zurück.

Pastor kümmert sich um die alleinstehenden Damen und führt zudem eine kirchliche Werbeagentur im »Houten Huys« mit dem schwarzen Brettergiebel, dem ältesten Haus der Stadt (1470). Die letzte Begine starb 1971. Neben der Englischen Kapelle auf dem Hof steht für sie und ihre Vorgängerinnen ein kleines Bronzedenkmal. Die Häuser Nr. 31 und 32 wurden im 17. Jh. zu einem Kirchenraum zusammengefügt. Weil sich manche Besucher in der Vergangenheit pöbelhaft benahmen, drohte dem Hof die Schließung. Seit einiger Zeit ist der Zutritt für Gruppen verboten. Besucher werden gebeten, sich diskret zu verhalten.

Am Ende der Begijnslot befindet sich die **Schuttersgalerij** (▶ MERIAN-Tipp, S. 80) mit 15 Kolossalgemälden aus dem 17. Jh. Einige Werke in der Fußgängerzone zeigen Männer und Frauen mit rosigen Wangen. Ihre Hände liegen entweder auf dem Tisch, Stuhl oder im Schoß. Die Kleidung aus Samt und Spitze entspricht ihrem Stand. Es sind Regenten/in-

nen der Waisen- und Altenstifte sowie Bürgerschützen beim Umtrunk.
Centrum • Eingang: Gedempte Begijnsloot • Tram: Spui (c 3) • tgl. 8–17 Uhr

Bibliothek ▸ S. 114, B 7

Auf dem Oosterdokseiland, Nähe Centraal Station, entsteht ein neues Zentrum mit Apartmenthäusern, Geschäften, Cafés und einer Promenade. Im Sommer 2007 wurde die Zentralbibliothek, die größte des Landes, am Wasser eröffnet. Im dem weitläufigen, architektonisch spannenden Gebäude ist jede der zehn Etagen einem Thema gewidmet: von Gesundheit über Kunst bis zu Multimedia. Zudem gibt es Lesesäle mit Printmedien aus der ganzen Welt. Im obersten Stockwerk befinden sich ein Selbstbedienungsrestaurant und ein Café. Von der Terrasse hat man einen wunderbaren Panoramablick auf die Altstadt.
Centrum • Oosterdokskade 143 • Metro/Tram: Centraal Station (c 2) • www.oba.nl • tgl. 10–22 Uhr

Brücken

Die Brücken der »bronzenen Grachten« waren dem Dichter Hendrik Marsman »lieber als die schlanksten Rücken«. 1972 war die tausendste Uferverbindung eingeweiht worden, heute listet das Straßenbauamt 1281 Brücken auf.

Die malerischsten Brücken bilden eine Kette in der **Reguliersgracht**. Am Kreuzpunkt Herengracht/Reguliersgracht, mit dem Rücken zum Thorbeckeplein, kann man sechs Brücken in einer Linie sehen. Am auffallendsten sind jedoch die innerstädtischen Brücken der Amstel: **Blauw Brug** zum Waterlooplein, 1883 à la Pont Neuf de Paris entworfen; sie hatte eine in Nassauisch-Blau angestrichene Vorgängerin – daher der Name.

Dahinter kommt die berühmte **Magere Brug** 🔴 (▸ S. 118, A 13) mit doppelter weißer Gehsteigklappe, an der Einmündung der Kerkstraat. Eine steinerne Brücke ist auf Amsterdamisch immer eine »sluis« (Schleuse). Sie diente meist auch die-

Wegzeiten (in Minuten) zwischen wichtigen Sehenswürdigkeiten

*Fahrminuten mit der Straßenbahn

	Begijnhof	Centraal Station	Koninklijk Palais	Leidseplein	Magere Brug	Rijksmuseum	Vincent-van-Gogh-Museum	Vondelpark	Westerkerk	Zoologisches Museum
Begijnhof	–	15	6	9	16	7*	8*	8*	10	30
Centraal Station	15	–	7	9*	25	10*	11*	11*	12	20
Koninklijk Palais	6	7*	–	4*	20	8*	9*	20	6	35
Leidseplein	9	9*	4*	–	15	5	7	5	14	25
Magere Brug	16	25	20	15	–	18	20	25	30	14
Rijksmuseum	7*	10*	8*	5	18	–	2	7	9*	20*
Vincent-van-Gogh-Museum	8*	11*	9*	7	20	2	–	6	10*	21*
Vondelpark	8*	11*	20	5	25	7	6	–	25	20*
Westerkerk	10	12	6	14	30	9*	25	25	–	18*
Zoologisches Museum	30	20	35	25	14	20*	20*	20*	20*	–

Die Magere Brug (▶ S. 55) ist eine Rekonstruktion der Zugbrücke aus dem 17. Jh. Nachts erstrahlt sie im Licht von 12 000 Gluhlampen.

sem Zweck und kam nur an weniger stark befahrenen Kanälen vor. Von diesem Typ gibt es ein 39 m breites Exemplar, das hinter dem (bisherigen) Hauptpostamt den Singel überquert: die **Torensluis**.

Früher waren alle Amsterdamer Brücken entweder gewölbt oder hochklappbar, damit die Schuten passieren konnten. Als dann mehr und mehr Karren über die Ufer ratterten, kam der »Kargadoor« auf: ein kräftiger Kerl, der Fuhrwerken über die Wölbung half. Dieser Beruf ist in den Dreißigerjahren mit »Kikkie de Kargadoor« ausgestorben.

Nachdem lange Zeit eine alte Brücke nach der anderen eingeebnet worden war, hat die Stadt sich innerhalb der Grachtenringe wieder auf die traditionelle Wölbbrücke besonnen, die ja auch viel schöner zu illuminieren ist; zum Beispiel: Kreuzung Keizersgracht/Leidsegracht.

Chinatown ▶ S. 114, A 7

In der Altstadt befindet sich auch das chinesische Viertel. Chinesische Restaurants, Warenhäuser oder Reisebüros bestimmen mit ihren Schrift-

WUSSTEN SIE, DASS ...

... die viel fotografierte Magere Brug früher so schmal gewesen ist, dass zwei Fußgänger nicht aneinander vorbeikamen? Erst später wurde sie verbreitert.

zeichen das Straßenbild rund um den Zeedijk. Die etwa 10 000 Chinesen, die in der Stadt leben, bilden die älteste ausländische Gemeinde.

Der Mittelpunkt von Chinatown ist der **Tempel Fo Kuang Shan**, der von Königin Beatrix persönlich eingeweiht wurde. Dabei handelt es sich um den größten, im traditionellen Stil erbauten buddhistischen Tempel

Europas. Auftraggeber war der taiwanesische Fo-Kuang-Shan-Orden (Zeedijk 114–116, Mo–Sa 12–17, So 10–17 Uhr).

Vom Zeedijk führen Seitenstraßen ins Herz des Rotlichtviertels. Mit schätzungsweise drei Mio. Besuchern sind die sogenannten »walletjes« die bedeutendste »Sehenswürdigkeit«. Ein Ort für alle Sinne: rau, unkonventionell, avantgardistisch, lüstern. Hier stößt man auf Dealer und Coffeeshops, aber auch auf normale Kneipen und Restaurants. In der Altstadt finden sich die Drogensüchtigen, die Sexklubs, die Taschendiebe und die Mädchen, die sich in Schaufenstern anbieten. Die »walletjes« sind eine Institution in der Stadt, die der legalen und illegalen Wirtschaft viel Geld in die Kassen spült.

Seit 2008 wird das Viertel saniert, und immer mehr rote Schaufenster werden zu Künstler- oder Modeateliers. Das Rotlichtviertel verliert so seinen früheren Charakter.

Altstadt-Oude Zijde • Metro: Nieuwmarkt (c 3)

Concertgebouw ▸ S. 117, D 10

Im 19. Jh. standen die Niederlande musikalisch unter deutschem Einfluss. Es bildeten sich Liedertafeln und Oratoriumsvereine sowie Bach- und Wagner-Gesellschaften. Unter diesen Vorzeichen wurde 1888 das Concertgebouw (Konzerthaus) eröffnet. Das neoklassizistische Bauwerk drohte durch sein Gewicht schräg in den Untergrund wegzusacken und erhielt deshalb zum hundertjährigen Bestehen ein neues Fundament aus Beton. Die Restaurierung dauerte drei Jahre, und die Mäzene wurden auf einer Säule im Foyer verewigt.

Museumkwartier • Concertgebouwplein 2–6 • Tram: Museumplein (b 5) • www.concertgebouw.nl

Dam ▸ S. 113, F 3

Ein Jahrmarkt der nationalen Geschichte: Hier erwarteten 1535 Wiedertäufer nackt das Jüngste Gericht und Ende der Sechzigerjahre Blumenkinder, umweht von Cannabis-Wolken, das Neue Jerusalem. An dieser Stelle hat um 1275 alles in Amsterdam begonnen: Durch den Dam (Damm) entstanden die früheren Binnenhäfen Damrak und Rokin, die im 19. Jh. zugeschüttet wurden.

Der Dam sollte der Markusplatz des nordischen Venedig werden. Hier errichteten die Dogen von Amsterdam, die »Regenten«, die Zentren ihrer Macht: das Stadt- und Gerichtshaus (heute **Königliches Palais**, ▸ S. 63) und die **Börse** (▸ S. 64). Auf dem Dam steht seit 1956 das Nationaldenkmal.

Centrum • Bus/Tram: Dam (c 2)

De Hortus ▸ S. 114, B 8

Der Botanische Garten von 1638 lag ursprünglich beim heutigen Rembrandtplein, seit 1682 befindet er sich im Plantagenviertel.

Jahrzehntelang beschickte die Vereinigte Ostindische Kompanie den Hortus mit exotischen Pflanzen, v.a. blühenden Gewächsen und Heilkräutern vom Kap der Guten Hoffnung sowie aus Indien, Ceylon, dem Malaiischen Archipel und Japan. Obwohl die Sammlung besonders Ärzten und Apothekern zur Weiterbildung dienen sollte, wollte man mit dem versammelten Pflanzenreichtum auch die Schöpfungsmacht Gottes aufzeigen.

Der Garten von Amsterdam war im 17. und 18. Jh. in ganz Europa berühmt. Auch Carl von Linné hat hier bahnbrechende Studien betrieben. Aus dem Hortus Botanicus stammte ein Kaffeepflänzchen, das die Amsterdamer 1714 dem Sonnenkönig schenkten. Es wurde zum Urahn aller Kaffeeplantagen in den damaligen französischen Kolonien.

Plantagenviertel • Plantage Middenlaan 2a • Tram: Plantage Middenlaan (d 3) • www.dehortus.nl • Mo–Fr 9–17, Sa, So 10–17 Uhr, Winter bis 16 Uhr • Eintritt 7 €, Kinder 3,50 €

De Waag/Nieuwmarkt

▶ S. 114, A 7

Die Stadtwaage gehörte zu den Verteidigungstürmen an der Wassergrenze der Stadt (1488). Im 17. Jh. wurde sie zur eichamtlichen Waage für Hafen und Handel umgebaut und beherbergte das Theatrum Anatomicum der Chirurgengilde und den Zunftsaal der Maurermeister. Die restaurierte Waage ist für das Publikum geöffnet – heute ziehen v. a. das Restaurant und sein Terrassencafé scharenweise Besucher an. Das umliegende Stadtviertel (»Nieuwmarktbuurt«) ist nach turbulenten Sanierungsjahren, in denen die Polizei mit Panzerwagen und Wasserwerfer gegen Hausbesetzer vorging, überraschend heiter bebaut worden. Es ist Zentrum von »Chinatown« und erhält seine Attraktivität durch die multiethnische Szene, die Cafés und einfachen ausländischen Restaurants. Am Samstag findet auf dem Platz ein »Bauernmarkt« statt.

Centrum • Nieuwmarkt 4 • Metro: Nieuwmarkt (c 3)

Die schmalsten Grachtenhäuser

Viele Besucher wollen die schmalsten Grachtenhäuser Amsterdams

De Waag (▶ S. 58), die ehemalige Stadtwaage, und das gleichnamige Restaurant liegen mitten im Szeneviertel Nieuwmarktbuurt.

sehen. Manche Häuser werden von Stadtführern oder in Rundfahrtbooten fälschlicherweise als solche angepriesen, etwa **Singel Nr. 166**. Doch das schmalste Haus Europas – es ist lediglich 1 m breit – hat die Adresse **Singel Nr. 7** (▸ S. 113, F 2). Ferner zählt das Haus in der **Oude Hoogstraat Nr. 22** mit 2,02 m Breite und 6 m Tiefe zu den fotogensten Objekten (▸ S. 114, A 7/8), ebenso das Haus mit der Anschrift **Kloveniersburgwal Nr. 26** (▸ S. 114, A 7). Es ist 2,44 m breit.

Entrepotdok   ▸ S. 114, C 8

Dieser Komplex alter Speicherhäuser mit Grünanlagen und 500 originellen Wohnungen in 120 Variationen ist beispielhaft für das Recycling abgeschriebener Bauwerke. Die großen umgebauten Magazine datieren aus dem 18. bis 19. Jh. und dienten der vorübergehenden Deponierung abgabepflichtiger Güter. Sie gehen auf die in Amsterdam erfundene Einrichtung des Zolllagers zurück, das den maritimen Transithandel förderte und grenzüberschreitende Geschäfte erleichterte.

Plantagenviertel • Hoogte Kadijk •
Tram: Plantage Middenlaan (d 2)

Giebel

In der Altstadt stehen mehr als 6800 Wohn- und Speicherhäuser unter Denkmalschutz. Sie stammen überwiegend aus dem 17. und 18. Jh. und haben charakteristische Steingiebel. Die frühesten Formen sind Treppen- und Spitzgiebel; kennzeichnend für Amsterdam sind jedoch Hals- und Glockengiebel sowie fantasiereiche Gesimsgiebel mit Haube oder Balustrade. Sie verdecken einfache Spitzdächer mit roten Dachziegeln. An

Heren- und Keizersgracht bauten nur reiche Bürger, weil ausgesuchter Back- und Naturstein vorgeschrieben war. Zeitweilig galten auch einheitliche Farben für Giebel und Holzwerk.

Bis weit ins 17. Jh. hinein wurde der untere Teil der Front aus Holz errichtet. Das Licht fiel durch bleiverglaste Oberlichte ins Erdgeschoss, das als Kontor oder Werkstatt diente. Man winkelte den Giebel schräg an, damit der Regen ablaufen konnte. Beim Neubau von Nachbarhäusern mit voller Steinfront erforderte diese Schrägvorgabe vom Maurer Fingerspitzengefühl: Ein lotrechter Straßengiebel wäre neben einem älteren Haus mit schiefer Vorderseite perspektivisch nach hinten umgefallen. Kein Hausgiebel gleicht bei näherem Hinsehen dem anderen. Auffallend und einmalig sind an fast allen Häusern die Takelbalken. Da die Treppen schmal und steil sind, werden die Möbel per Flaschenzug durchs Fenster gehievt.

Grachten 4

Angeblich gibt es mehr als 160 Grachten, aber eine genaue Zahl ist nicht belegt. Die Stadtkanäle sind von 25 000 Platanen, Linden und Ulmen eingefasst. Anfänglich besaß Amsterdam nur den üblichen Stadtgraben (»gracht«) mit Wall, Türmen und Schanzen. Dann legte die Stadt ab 1612 konzentrisch um Amstel und Singel die Kanalringe Heren-, Keizers- und Prinsengracht an, mit Quergrachten und Radialstraßen. Viele deutsche Tagelöhner haben daran mitgewirkt. Außerdem wurden Landstreicher zur Zwangsarbeit in die Kanalgruben geschickt. Das Rinnensystem diente der Dränage neuer Baugelände und dem innerstädtischen Warenverkehr, der mit Schuten daherglitt. An den Firsten der Grachtenhäuser befinden sich immer noch Takelbalken, um Güter und Hausrat hochzuziehen.

Schutzschleusen am Ij und an der Amstel regulierten den Wasserstand, den man an einem seinerzeit weithin sichtbaren Pegel ablesen konnte.

Der Dreigrachtengürtel, Heren-, Keizers- und Prinzengracht (in Hamburg heißen Grachten Fleete), ist untrennbar Bestandteil der Mythologie Amsterdams und das größte städtebauliche Projekt seiner Zeit. Die drei Wasseravenues gelten als architektonisches Gesamtkunstwerk und wurden in rund 60 Jahren verwirklicht. Venezianer sahen darin das klassische Schönheitsideal einer idealen Stadt verwirklicht. Die Kanäle sind von Platanen und Linden eingerahmt. Hinter den Stadtpalästen an den Kanälen liegen stilvolle Gärten (z. B. jener des Museum van Loon ▶ S. 77).

Durch Planungssünden wurden dem Stadtbild manche Wunden zugefügt – in den letzten 150 Jahren wurden 78 Grachten zugeschüttet. Die prachtvollsten Stadtpaläste sieht man an der »Gouden Bocht«, dem »Goldenen Bogen« der Herengracht zwischen Leidse- und Vijzelstraat. Wohnen »an der Gracht« ist unter Ausländern sehr beliebt und teuer.

Hafen ▶ S. 114, A/B 6/7

Die Geschichte des Hafens reicht weiter zurück als die der Stadt. Er diente anfänglich den »homines manentes apud Amstelledamme« (Leuten, die am Amsteldeich wohnen) zum Umschlag von Hering und Bier. Nachdem die Ortschaft anno 1300 Stadtrechte erhalten hatte, dehnte sich das Hafengeschäft auf Mühlsteine aus dem Rheinland, Schottenwolle, Rheinwein und v. a. auf die Einfuhr von Bier aus Hamburg aus, das besser schmeckte als das heimische Gebräu. Mit der Reformation, dem Zuzug Tausender gebildeter und reicher Kaufleute, Handwerker und Künstler aus Flandern sowie der Blockade des Konkurrenten Antwerpen (1585) begann der Aufstieg und die Blütezeit. Das 17. Jh. ist als das »Goldene Jahrhundert« in die Geschichtsbücher eingegangen.

Dann kam die Flaute: Cromwell verdarb den Handel mit England, Colbert protegierte Frankreich. Mit beiden Ländern führte man im 17. Jh. Krieg, und der Hafen lag voll kanonenbestückter Segelschiffe. Im 18. Jh. verdiente Amsterdam dann wieder Gold am Handel mit Schmuggelware für die aufständischen Amerikaner und die Beteiligten am Siebenjährigen Krieg. Dann kam Napoleon mit seiner Kontinentalsperre, und der Hafen begann zu versanden. Später im 19. Jh. blühte der Kolonialhandel nochmals auf. Tabak, Tee, Kakao, Chinin, Kautschuk wurden in Bulks aus Niederländisch-Indien angelandet.

Haus- und Wohnboote

Es gibt in Amsterdam rund 2100 Hausboote. Sie leiten ihre Adresse von der Nummer eines gegenüberliegenden Hauses ab. Die meisten haben Strom- und Wasseranschluss, aber keinen Zugang zur Kanalisation. Das soll sich allerdings ändern. Besonders interessante Exemplare liegen kurz vor der Einmündung der Prinsengracht in die Amstel sowie im Singel bei der Runden Lutherischen Kirche, darunter das »Katzen-boot«. Lange Reihen sieht man an Brouwersgracht, Lijnbaansgracht, Singelgracht, Oude Schans und dem östlichen Amstelufer.

Für ein Wohnboot mit Liegeplatz zahlt man ab 250 000 €. Zahlreiche Wohnboote werden auch tage- und wochenweise vermietet (▶ S. 15). Die Gelegenheit, ein Wohnboot von innen zu erleben, bietet sich im **Hausboot-Museum Hendrika Maria** (▶ S. 113, E 4).

Centrum • Prinsengracht 296 • Tram: Elandsgracht (b 3) • www.houseboat museum.nl • März–Okt. Mi–So 11–17, Nov.–Feb. Fr–So 11–17 Uhr • Eintritt 3,75 €, Kinder 3 €

Het Muziekgebouw aan 't Ij ⭐

▶ S. 114, C 6

Die durchsichtige »Dose« zwischen Durchgangsstraße und Het Ij fällt wegen ihrer gläsernen Wände sofort auf. Das architektonische Glanzlicht dänischer Herkunft beherbergt Musiksäle und das Café »Star Ferry« mit seiner großen Terrasse am Wasser. Von dort aus hat man den schönsten Blick über den Fluss, mit dem der Reichtum kam. Das gläserne Café ist ein idealer Platz für ein Früh-stück, ein Mittag- oder Abendessen, aber auch für einen Kaffee oder ein Glas Wein.

Im Haus befinden sich drei Musikpodien, die zum einen mit ihrer schlichten Schönheit und zum anderen mit ausgezeichneter Akustik beeindrucken. Jeder Saal des 59 Mio. € teuren Musikkomplexes hat seinen eigenen Charme. Sowohl Jazz (im anliegenden Bimhuis) als auch experimentelle und klassische Musik werden gespielt.

Oostlijke Haven • Piet Heinkade 1 • Tram: Muziekgebouw (d 2) • www.muziekgebouw.nl

Amsterdams Grachten (▶ S. 59) wurden 2010 in die Liste des UNESCO-Welterbes aufgenommen. Boote pendeln zwischen Centraal Station und Rijksmuseum.

Historienmalerei

Gemälde und Bilder hingen ab dem 16. Jh. in allen Amsterdamer Bürgerhäusern. Zwischen 1580 und 1800 sollen etwa acht bis zehn Mio. Bilder entstanden sein. Die meisten waren jedoch billige Produkte, sogenannte cent-prents, die auf Märkten feilgeboten wurden. Man unterschied nach Stillleben, Landschafts-, Porträt- und Historienmalerei. Die Historienmalerei, der Rückgriff auf Motive der Antike und die Darstellung nationaler Ereignisse, bildete den künstlerischen Schwerpunkt. Der repräsentative Höhepunkt großflächiger Historienmalerei ist im Amsterdamer Rathaus, heute Königliches Schloss, am Dam zu sehen.

Hofjes

Diese Innenhöfe, von denen der Begijnhof (▶ S. 53) der bekannteste ist, wurden im 17. und 18. Jh. von Kirchengemeinden und Patriziern gegründet. Die Hofjes waren eine typische Erscheinung der damaligen Gesellschaft, in denen Arme und Kranke, aber auch ältere Menschen, vor allem Frauen, ihren Lebensabend verbringen konnten. Die meisten Hofjes bestehen aus kleinen Wohnungen, die um einen Innenhof gruppiert sind. In Amsterdam gibt es etwa zwei Dutzend dieser Einrichtungen, etwa das **Claes Claeszhofje** (1e Egelantiersdwarsstraat ▶ S. 113, E 3) oder das **Star Hofje** (Prinsengracht 89–133 ▶ S. 113, E 2). Die meisten können jedoch nicht besichtigt werden.

Jordaan   ▶ S. 113, D/E 2/4

Das »Milljöh«-Viertel von Amsterdam liegt westlich vom Zentrum, zwischen Prinsen-, Brouwers-, Lijnbaans- und Looiersgracht, mit Straßen und Gassen, die zum Teil alte Blumennamen tragen. Deshalb glaubt man, dass Jordaan von »Jardin« (Garten) abgeleitet ist. Die Etymologen denken jedoch eher an eine Verballhornung von »Jordict«, da das Gebiet schon im unbebauten Zustand unter die Jurisdiktion von Amsterdam fiel. Entstanden ist der Jordaan ab 1612, bei der zweiten großen Erweiterung der Stadt nach den Plänen von Hendrick Jacobszoon Staets, wobei man der ursprünglich agrarischen Parzellierung folgte. Es zogen vor allem kleine Handwerker und zugewanderte Künstler ein.

In den Sechzigerjahren wurde der Jordaan zur Welt der Alternativen um den grünen Philosophen und Lokalpolitiker Roel van Duyn. Flowerpower signalisierte mit Blumenkübeln auf der Straße und Stiefmütterchenbeeten auf dem Autodach das vermeintliche Ende des Kfz-Zeitalters. Hier wurde die ökologische Bewegung in Gang gebracht und der Widerstand gegen die Staatsgewalt gepredigt. Ein drohender Aufstand brachte die Rathausherren von der Idee ab, den Jordaan städtebaulich zu sanieren. Heute findet man im Jordaan eine Vielzahl kleiner Restaurants, kurioser Läden, verborgener Hofjes und eine Menge witziges Volk.

Jordaan • Tram: Westermarkt (b 2)

Koninklijke Asscher Diamant Maatschappij   ▶ S. 114, B 8

Willem Vermaet wanderte 1586 von der Schelde an die Amstel und ließ sich hier nieder. Der Flame wurde zum Ahnherrn der Amsterdamer Diamantenschleifer. Iberische Juden, die aus den Spanischen Niederlan-

Het Muziekgebouw aan 't Ij (▶ S. 61), Amsterdams Konzertsaal für das 21. Jh., entstand nach einem Entwurf des dänischen Architekturbüros 3XN.

den (später Belgien) eingewandert waren, beherrschten durch jahrhundertealte Beziehungen den Edelsteinhandel. Die Portugiesen ließen hier ab dem 17. Jh. ihre Edelsteine aus Brasilien schleifen. Im 19. Jh. fügten deutsche Juden Handwerk und Handel industriell zusammen. Bis zum Börsenkrach von 1929 beschäftigte die Schleiferbranche 10 000 Menschen, die zeitweilig zu den höchstbezahlten Arbeitern in Europa gehörten und sich in Modellgewerkschaften organisierten.

Aufbruchstimmung herrschte während der »Kap-Zeit«, als die Diamantenfelder der Buren (der niederländischen Einwanderer in Südafrika) zu glitzern begannen. Der funkelnde Traum dauerte bis etwa 1875, danach ging es erst einmal bergab. Der »Amsterdamer Schliff« ist jedoch ein Begriff geblieben. Als erste Adresse gilt seit über 100 Jahren

die Koninklijke Asscher Diamant Maatschappij. 1904 waren Joseph Asscher Spaltung und Schliff des bis dahin größten Rohdiamanten der Welt zugefallen: des »Excelsior«, 950 Karat, gefunden 1893 in Jagersfontein, Südafrika.

Besichtigt werden kann zum Beispiel Gassan Diamonds (Oude Zijde, Nieuwe Uilenburgerstraat 173–175, Metro: Nieuwmarkt (c 3), www.gassandiamonds.nl, tgl. 9–17 Uhr)

Koninklijk Paleis 🗡 6   ▶ S. 113, F 3

Der Königliche Palast ruht auf 13 659 Baumstämmen. Einen davon hat man herausgezogen und auf seine Tragfähigkeit untersucht: Es besteht keine Gefahr, dass die Baumasse infolge Spitzendrucks durchsackt. Die aufwendige Pfahlkonstruktion vor dem eigentlichen Bau (1648–1655) galt als architektonische Glanzleistung.

Hier zücken die staunenden Besucher die Kameras, denn nach einer rund 80 Mio. € teuren Renovierung strahlt das einst größte öffentliche Gebäude Europas wieder in altem Glanz. So grau »Het Paleis op de Dam« von außen ist, so hell und großartig ist es im Inneren mit seinen zahlreichen Galerien und Sälen. Sehenswert der prachtvolle Bürgersaal. Prunkvolle Wandmalereien wurden vom Firnis befreit, alte Kandelaber restauriert. Diskutiert wird, ob das »Huis van de Stad« von der Königsfamilie zurückgefordert werden kann, um den Palast als kulturelles Zentrum zu nutzen.

Ursprünglich war der Palast Sitz des Magistrats und des Stadtgerichts. Die Republik der Vereinigten Niederlande wurde erst 1804 eine Monarchie; bis dahin wurde die Souveränität von den Ständen getragen. Materieller Reichtum galt als Gottes-

gnade und begründete ihre Macht. Die Herrschaft lag in Händen von Handelsherren, deren Vorbild die Republik Venedig war. Deshalb wollten auch sie ihren Dogenpalast haben und nahmen Baumeister Jacob van Campen unter Vertrag.

Auf den Reliefs der Hauptgiebel (von Artus Quellinius d. Ä.) wird Amsterdam als Herrscherin der Meere dargestellt, im Bürgersaal lag den Amsterdamern die ganze Welt zu Füßen. Alles ist mit Marmor ausgekleidet und mit allegorischen Gemälden ausstaffiert, die mehrheitlich von den Rembrandt-Schülern Ferdinand Bol und Govert Flinck stammen. Höhere Wandpartien sind mit marmoriertem Holz kaschiert. Auffallend sind die Empiremöbel. Sie sind eine Hinterlassenschaft von Louis Bonaparte, dem ersten König von Holland, der hier eingezogen war.

Centrum • Dam 1 • Bus/Tram: Dam (c 2) • www.paleisamsterdam.nl • tgl. 12–17 Uhr (geschl. während Aufenthalten der Königin) • Eintritt 7,50 €, 5–16 Jahre 6,50 €

Koopmans-Beurs (Beurs van Berlage) ▸ S. 113, F 3

Die erste Weltbörse war 1531 in Antwerpen entstanden, doch nach und nach büßte der Platz gegenüber dem liquiden Amsterdam an internationaler Bedeutung ein, vor allem seitdem hier 1602 erstmals mit »Portionen« der Vereinigten Ostindischen Kompanie börsenmäßig Termingeschäfte abgewickelt wurden. Damals galt der Aktienhandel als zwielichtiges Geschäft.

1611 schuf der Stadtbaumeister Hendrick de Keyzer für die Kaufmannschaft ein eigenes Börsenhaus, das am Dam eröffnet wurde, sodass sich der Handel aus den dortigen Gaststätten zurückziehen konnte. Das Bauwerk geriet jedoch ins Wanken und musste 1835 abgerissen werden. Die von Hendrik van Berlage 1913 erbaute Kaufmannsbörse beherbergt heute einen Musiksaal und Ausstellungsräume. Der Amsterdamer Wertpapierhandel wurde automatisiert und spielt sich seit 2002 nur noch auf Computern ab.

Centrum • Beursplein 1 • Tram: Dam (c 2) • www.beursvanberlage.nl • tgl. 11–17 Uhr (Ausstellungen)

Leidseplein

▶ S. 117, E 9

Dieser Platz ist das Panoptikum der Stadt: Hier findet unentwegt Straßentheater statt. Puppenspieler, Feuerschlucker und Musikanten unterhalten die Passanten und lassen den Hut herumgehen. Unter Bäumen stehen Gartenstühle. Im Winter wird hier eine Eisbahn aufgebaut. Die angrenzenden Kneipen sind oft schon nachmittags brechend voll, und man steht mit dem Bier- oder Weinglas auf der Straße. In den Platz mündet die Leidsestraat, neben der Kalverstraat die Haupteinkaufsstraße der Stadt. An der Ecke zur Keizersgracht liegt das Kaufhaus Metz mit Kuppelcafé. Daneben findet man hier Kinos, Kulturzentren (»Balie«) und Theater, etwa das an der Westseite im Stil der Neorenaissance erbaute Stadttheater Stadsschouwburg (▶ S. 41). Am Straßenbahnknotenpunkt trifft man auf eine hohe Konzentration an Kinos und Diskotheken, In-Kneipen und Restaurants. Bis in die Morgenstunden herrscht hier Trubel. Am Rande des Platzes das American Hotel mit seinem Art-déco-Café.

Am Leidseplein befindet sich auch das Zentrum der Soft-Drug-Kette »The Bulldog« in einer ehemaligen Polizeiwache. Interessant ist auch die Ausgehszene in den Seitenstraßen; dort spielt sich das Nachtleben ab, besonders in der Korte und Lange Leidsedwarsstraat.

Ausläufer des Leidseplein sind der Max Euweplein mit Blick auf den Vondelpark, das Holland Casino und das Paradiso. In dieser ehemaligen Kirche feierten die Sex Pistols und David Bowie ihren internationalen Durchbruch. Unweit des Leidseplein liegt auch das seit der Hippiezeit berühmte Multimediazentrum Melkweg.

Centrum • Tram: Leidseplein (b 4)

Der prächtige, 28 m hohe Bürgersaal im Königlichen Palast (▶ S. 64) zeugt vom Selbstbewusstsein des Amsterdamer Bürgertums im 17. Jh.

Am Leidseplein (▸ S. 65), dem belebtesten Platz der Stadt, wird immer etwas geboten – von Breakdance über Capoeira bis Musik.

Madame Tussaud's Panoptikum 👫 ▸ S. 113, F 3

Die älteste »Tochter« der Londoner »Madame«. In Wachs ausgestellt sind historische und zeitgenössische Größen, von Rembrandt bis Schwarzenegger. Doch das erstarrte Sammelsurium mit seinen Bildern ist auch wegen der hohen Eintrittspreise nicht jedermanns Sache.

Centrum • P&C-Gebouw, Dam 20 • Bus/Tram: Dam (c 2) • www.madame tussauds.nl • tgl. 10–17.30, im Sommer bis 19.30 Uhr • Eintritt 21 €, Kinder 16 €

Metrobau als Event ▸ S. 114, A 6

In der Innenstadt entsteht eine neue Metroverbindung, die sogenannte Nord-Süd-Linie. 2017 soll die gesamte, insgesamt 9,5 km lange Strecke eröffnet werden. Schon kurz nach Baubeginn zeichnete sich ab, dass das auf 1,4 Mrd. € veranschlag-te Budget nicht ausreichen würde. Dass diese U-Bahn-Linie erst jetzt gebaut wird, liegt nicht zuletzt daran, dass sich kein Politiker die Hände am Metroausbau verbrennen wollte. Der Schock, den die wütenden Bürgerproteste gegen den Bau der ersten Metro im Jahr 1975 ausgelöst hatten, saß noch immer tief.

Für Archäologen ist der Tunnelbau jedoch ein Glücksfall, denn im ausgebaggerten Morast tut sich eine jahrhundertealte Schatzkammer auf. Schiffsgeräte, Pfeifen, Wasserkrüge, Weinflaschen, Messer und eine Tabakdose sind im Informationszentrum im Hauptbahnhof ausgestellt. Außerdem Modelle und Filme über den Ausbau der Bahnhofsinsel.

Centrum • Stationsplein 7 • Tram/Bus/Metro: Centraal Station (c 2) • www. stationseiland.amsterdam.nl • Di–Fr 10–17, Sa 11–16, Führungen So 11.30 und 14 Uhr

Multatuli-Denkmal   ▸ S. 113, F 3

Der schnauzbärtige Mann schaut recht nachdenklich drein. Touristen lassen sich vor dem Denkmal mit den Lettern »Multatuli« fotografieren. Multatuli ist das Pseudonym des Schriftstellers Eduard Douwe Dekker, der mit »Max Havelaar« 1859 den wichtigsten niederländischen Roman über die finstere Seite des holländischen Kolonialismus in »ons Indië«, dem heutigen Indonesien, geschrieben hat: »Sire, die niederländischen Besatzungen werden schändlich schlecht regiert. Ihre Staatsdiener sind daran schuld. Sire, die Folgen davon sollen wir bald zu spüren bekommen. Aufstand, blutige Kriege und den Untergang der niederländischen Souveränität.« All das sollte eintreten. Als Indonesien in den Fünfzigerjahren unabhängig werden wollte, kam es zum Krieg. Im ersten Guerillakrieg der Moderne, 1947 bis 1949, der mit unerbittlicher Härte geführt wurde, starben etwa 6000 Holländer und rund 300 000 Einheimische. Nach dem Krieg emigrierten Tausende Javaner, Ambonesen u. a., die mit den Kolonialherren sympathisiert hatten, nach Holland. Die steinerne Brücke am Torensteeg wurde 1648 gebaut, und im Gewölbe befand sich ein Gefängnis. Heute ist sie ein beliebter Treffpunkt.

Centrum • Torensluis • Tram: Dam (c 2)

Neue Wohnarchitektur (Java- und KNSM-Inseln)
▸ S. 114/115, C/F 6

Einst war es der isolierteste Teil der Stadt, inzwischen haben sich die »neuen Inseln«, Java und KNSM, zu einem bevorzugten Wohngebiet entwickelt und wegen einiger ungewöhnlicher Gebäude das Interesse von Architekturliebhabern aus aller Welt geweckt. An der stets windigen Wasserfront der Java-Insel, auch »Yuppie-Ghetto« genannt, gibt es die teuersten Wohnungen. An der Nordseite stehen mehrstöckige Gebäude, im Schatten Stadtvillen. Am Azartplein, wo das KNSM-Eiland beginnt, lädt das gemütliche **Café de Zuid** ein. Auf KNSM gibt es einige monumentale Wohnhäuser wie **Barcelona** mit 325 Wohnungen oder den **Skydome**. An der KNSM-Laan findet man trendige Geschäfte für Mode und Möbel, am Ufer liegen zahlreiche Wohnboote. Vom Kühlhaus **De Zwijger** schwingt sich die Jan-Schaefer-Brücke, genannt »Eidechse aus Stahl«, über den 215 m breiten Ij-Hafen zur Java-Insel.

Der verbliebene Hafenbetrieb hat sich westwärts in den Bereich des Nordseekanals verlagert. Inzwischen belebt sich das ehemalige Hafengebiet. So entstand zum Ij-Tunnel das grüne **NEMO Technologie- und Forschungszentrum** (▸ S. 77). Architekt des 35 Mio. € teuren Bauwerks ist der Italiener Renzo Piano. Der Museumshafen mit verschiedenen historischen Schiffstypen befindet sich unterhalb des NEMO. Bei den Booten handelt es sich um aufwendig restaurierte Klipper, Tjalks, Schlepper und Binnenschiffe.

Oostlijke Haven • Java-Fähre, Steiger 8 (hinter Centraal Station rechts) • Bus (Tosaristraat, Java-Eiland): Busbahnhof links von Centraal Station (d 2), Tram: Azartplein (e 2) oder Rietlandpark (e 2)

Nieuwe Kerk   ▸ S. 113, F 3

Die Neue Kirche zählt zu den ältesten Kirchen Amsterdams. Ursprünglich im 15. Jh. erbaut, erhielt sie ab

Auf Java-Eiland (▶ S. 67) entstanden Ende des 20. Jh. postmoderne Wohnkomplexe. Die Straßennamen beziehen sich auf die gleichnamige indonesische Insel.

1645 nach einem Feuer ein neues Interieur. Hier besteigen die Könige und Königinnen symbolisch den Thron der Niederlande. Die Verfassung kennt keine majestätische Krönung. Man nennt die Inthronisierung staatsrechtlich »Huldigung«. Zuletzt hat hier im Jahr 2002 ihre Königliche Hoheit Máxima Willem-Alexander das Jawort gegeben. Auch diese Kirche wird in Ermangelung einer ausreichend großen Gemeinde heute für gesellschaftliche und kulturelle Veranstaltungen sowie außergewöhnliche Ausstellungen genutzt. Centrum • Dam • Bus/Tram: Dam (c 2) • www.nieuwekerk.nl • tgl. 10–18, Do bis 22 Uhr • Eintritt 10 €, MJK 5 €, ohne Ausstellung 4 €

Oude Kerk ▶ S. 114, A 7

Die Alte Kirche mit Hamburger Kapelle ist das älteste Bauwerk Amsterdams. Sie wurde um 1300 erbaut, kurz nach Gründung der Stadt. Still und unbescholten liegt sie im Vergnügungsviertel De Walletjes und behütet Gräber verblichener Patrizier und Seefahrer. Das Hauptschiff erhielt erst im 16. Jh. den schönen Turm mit seinem bezaubernden Glockenspiel. Altstadt (Oude Zijde) • Oudezijds Voorburgwal • Tram: Damrak (c 2) • Mo–Sa 11–17, So 13–17, Glockenspiel Sa 16–17 Uhr • Eintritt 5 €

Pijp, De ▶ S. 117, F 10/11

Dieses Stadtviertel, in dem etwa 100 Nationen leben, gehört zu den quirligsten der Stadt. Der frühere Armenbezirk, erbaut im 19. Jh., liegt zwischen Stadhouderskade, Amstel, Hobbema- und Amstelkade und hat sich zum Ausgehviertel entwickelt. Zentrum ist der Albert-Cuyp-Markt in der gleichnamigen Straße. Der größte Tagesmarkt (Mo–Sa 9–17

Uhr) zählt etwa 400 Stände mit Blumen, Fisch, Obst und Krimskrams. In den Seitenstraßen, etwa der Van der Helststraat, finden sich kleinere Läden, »tokos« genannt, sowie surinamische, spanische, türkische und indonesische Restaurants. Der Gerard Douplein ist ein typischer Pijp-Platz mit schicker Weinbar, Volkskneipen, karibischer Snack- oder spanischer Tapasbar.

Tram: A. Cuypstraat (c 5)

Portugiesische Synagoge

▸ S. 114, B 8

Restauriert und monumental erhebt sich die Esnoga genannte Synagoge der Sepharden am Meester Visserplein: dunkler Backstein, violette Fensterscheiben, voll Kerzenlicht an hohen Festtagen. Dreifaches Tonnengewölbe, Marmortabernakel, Balustraden und Gestühl aus der Zeit von 1671 bis 1675.

Seit Ende des 16. Jh. waren jüdische Kaufmannsfamilien aus Portugal nach Amsterdam ausgewandert. Der Montelbaans-Turm an der Förde der Zuiderzee war ihr »Aron-Turm«, die Stadt bald ihr »zweites Jerusalem«; sie prägten sie mit dem »Stempel von Zion«.

Gegenüber der Esnoga der Portugiesen liegen die ehemaligen vier Synagogen der aschkenasischen (mittel- und osteuropäischen) Juden aus dem 17. und 18. Jh. Sie standen nach den Pogromen durch die Nationalsozialisten zunächst leer und beherbergen seit 1987 das **Joods Historisch Museum** (▸ S. 75).

Auf dem Platz vor der Portugiesischen Synagoge erinnert die Skulptur »Der Dockarbeiter« an den Aufstand der kommunistischen Hafenarbeiter am 25./26. Februar 1941

gegen die Deportation der Amsterdamer Juden durch die Deutschen. Plantagenviertel • Eingang Mr Visserplein 3 • Metro: Waterlooplein (d 3) • www.esnoga.nl • tgl. außer Sa 10–16 Uhr • Eintritt 7 €

MERIAN-Tipp   8

PRINSENEILAND   ▸ S. 113, E 1

Bevor sich die Stadt Mitte des 17. Jh. zur »Venezia hollandia« entwickelte, gab es noch den Vorabend, den »Dageraad der Gouden Eeuw«, also die »Morgenröte des Goldenen Jahrhunderts« – zwischen 1580 und 1620. In dieser Zeit wurden die drei westlichen Inseln, Bickers-, Realen- und Prinseneiland, aufgeschüttet. In diesem alten Hafengebiet mit historischen Lagerhäusern, Wohnbooten, Grachten und Zugbrücken ist die Atmosphäre des 17. Jh. weitgehend erhalten geblieben. Die malerische Drieharingenbrücke verbindet Realen- mit Prinseneiland. Das fotogene und etwas abseits gelegene Viertel hat sich inzwischen zu einem bevorzugten Wohngebiet entwickelt. Durch Prinseneiland läuft die Galgenstraat – von hier aus konnte man die Galgen auf der Volenwijk sehen. Rembrandt malte hier Tote am Strang. Über die sehr schöne Hebebrücke Sloterdijkbrug kann man die Insel wieder verlassen.

Tram: Haarlemmerplein (b 1)

Spui   ▸ S. 113, F 4

Typisch für den lang gestreckten Platz mit Bäumen und komfortablen

Sitzbänken ist die internationale Atmosphäre. Außer Buch- und Zeitschriftenhandlungen findet man hier so unterschiedlich gepflegte Cafés wie »Luxembourg« und »Esprit« sowie museale Kneipen wie »Hoppe« oder »Zwart«. Der Platz gilt als das kulturelle öffentliche Zentrum. Am Freitag Büchermarkt und Antiquariat.

Centrum • Spui • Tram: Spui (c 3)

Stopera ▸ S. 114, A 8

Der Neubaukomplex von **Stadhuis** und Opera (daher der Name) hat den halben Waterlooplein unter sich begraben und das Ufer der Amstel einschneidend verändert. Kritiker haben das Bauwerk mit einer »theatralischen Maschinenhalle« verglichen. Das **Muziektheater**, bereits 1986 eröffnet, Stammhaus der Niederländischen Oper und des Nationalballetts, wirkte auf manche so befremdend »wie eine italienische Arie auf Holländisch«. Doch der Blick aus dem lichterfüllten Foyer auf den Fluss und die historische Kulisse am Ufer ist faszinierend. Der Entwurf geht auf ein Konzept des Wiener Architekten Wilhelm Holzbauer zurück, das 3000-mal bearbeitet worden ist.

Centrum • Amstel 3 • Metro: Waterlooplein (d 3) • www.hetmuziek theater.nl • Mittagskonzert im Boekmanzaal: Di 12.30–13 Uhr (Sep.–Jun.) • Eintritt frei

Türme (toren)

Wegen des morastigen Untergrunds konnten die Amsterdamer vor 1600 keine hohen Bauten errichten. Allerdings hatten sie anfänglich dazu auch weder Geld noch Veranlassung. Die erste Stadtmauer zur Verstärkung der Wälle war nach 1481 zustande gekommen. In die Umrin-

Grüne Idylle inmitten der Großstadt: der Vondelpark (▸ S. 71). In den Sommermonaten finden hier zahlreiche Freiluftveranstaltungen statt.

gung wurden Türmchen gesetzt, die zum Teil immer noch die Altstadt zieren: der Schreiersturm mit einem Relief weinender (niederländisch: schreiender) Seemannsfrauen, der Münzturm und das St.-Antonius-Tor (später Stadtwaage). Damit ist zugleich der Umriss des historischen Stadtkerns markiert.

Montelbaanturm ▶ S. 114, B 7
Altstadt • Oude Schans 2

Münzturm ▶ S. 113, F 4
Centrum • Singel, Glockenspiel: Fr 12–13 Uhr

Schreiersturm ▶ S. 114, A 6
Altstadt • Prins Hendrikkade

St.-Antonius-Tor ▶ S. 114, A 7
Altstadt • Nieuwmarkt 4

Vondelpark 🟧1 ▶ S. 116, B/C 10

Der Park westlich des Rijksmuseums war einst der Park der »Blumenkinder«. Der größte Park der Stadt mit Liegewiesen, Seen, Bächen und Radwegen ist ein fröhlicher Tummelplatz. Cafés wie »Vertigo«, »Blaues Teehaus« und »Melkhuis« sind mit Terrassen ausgestattet. Oder man setzt sich auf eine Bank und lässt die ethnische Vielfalt der Amsterdamer an sich vorbeiflanieren. Am Teich steht ein Standbild des Amsterdamer Dichterfürsten Joost van den Vondel, der 1587 in Köln zur Welt kam. Der nach ihm benannte Park ist 1865 von reichen Bürgern gestiftet worden, die auf diese Weise für den nötigen Abstand zwischen ihrer vornehmen Wohngegend und dem einfachen Volk von Amsterdam-West sorgen wollten.

Oud-Zuid • Tram: Leidseplein (b 4)

Westerkerk 🔴8 ▶ S. 113, E 3

Die Westerkirche, das Wahrzeichen am Westermarkt, wurde bis 2007 res-

tauriert. Die Bürger der Stadt haben dafür Millionen gespendet – allerdings nicht aus Frömmigkeit, denn es geht sonntags nur noch jeder zwanzigste Amsterdamer in die Kirche. Vor 350 Jahren, als Hendrick de Keyzer das Bauwerk für die Stadt schuf, herrschten der Gulden und das Machtwort der protestantischen Staatskirche. Dennoch leuchtet auf dem Turm der Westerkirche die Krone von Maximilian II., Katholik und deutscher Kaiser.

Rembrandt, 1669 an der nahen Rozengracht gestorben, soll unter dem Hauptschiff in einer Armengruft liegen. 1987 ist auf dem Kirchplatz ein Mahnmal aus rosa Granitdreiecken eingeweiht worden, zum Gedenken an die homosexuellen Opfer des Naziregimes.

Centrum • Westermarkt/Prinsengracht • Bus/Tram: Westermarkt (b 2) • www.westerkerk.nl • Glockenspiel Di 12–13, Turmbesteigung April–Sept. 10–17.30 Uhr • Eintritt 6 € • Besichtigung der Kirche mit Grab Mo–Fr 11–15 Uhr, Juli–Aug. auch Sa

Zuiderkerk ▶ S. 114, A 8

An der Zandstraat steht die Südkirche. Der strenge Bauhistoriker wirft einen verächtlichen Blick auf den manieristischen Zuckergussturm mit seinen Kugeln und Säulen, doch der angebliche Kitsch ist original: 1614. Obendrein handelt es sich um die erste Amsterdamer Volkskirche. Im Kirchenschiff ist eine ständige Ausstellung über den Amsterdamer Städtebau vom Mittelalter bis in die nahe Zukunft zu sehen.

Altstadt (Oude Zijde) • Zuiderkerkhof • Metro: Nieuwmarkt (c 3) • Glockenspiel 12–13, Turmbesteigung April–Sept. 13–17 Uhr • Eintritt 5 €

Museen und Galerien
In den berühmten Museen Amsterdams wird manch einer erleben, wie spannend Kunst sein kann – auch und vor allem die großartigen Porträts der alten Meister.

◀ Im Stedelijk Museum (▸ S. 80) sind alle bedeutenden Strömungen der modernen Kunst vertreten.

Die Stadt ist reich an Museen, daher lohnt sich in aller Regel eine »Museumjaarkaart« (MJK). Sie kostet für Erwachsene 39,95 € (Jugendliche bis 25 Jahre zahlen nur 19,95 €) und gilt für ein ganzes Jahr in 420 wichtigen holländischen Museen. Man bekommt sie beim Verkehrsverein NBT in Köln (▸ S. 105) sowie in Amsterdams Uitburo AUB (Leidseplein 26, neben dem Stadttheater) oder beim Toerisme & Congres Bureau (▸ S. 105). Die MJK gilt nicht im Anne Frank Huis, NEMO, Madame Tussaud's und Koninklijk Paleis.
Eine Alternative ist die 2005 erstmals herausgegebene »I amsterdam card«. Mit dieser Chipcard kann man nicht nur die Verkehrsmittel benutzen, sondern auch eine Grachtenrundfahrt machen. Zudem erhält man Rabatt bei einigen Attraktionen und freien Eintritt zu allen wichtigen Museen. Es gibt sie für 24 Stunden (38 €), 48 Stunden (48 €) oder 72 Stunden (58 €). Man sollte gut durchrechnen, ob sich diese Karte oder aber die MJK lohnt. Beim Toerisme & Congres Bureau erhältlich.
Fast alle Museen sind am 1. Januar (Neujahr), am 25. Dezember (Erster Weihnachtstag) und am 30. April (Koninginnedag, nationaler Festtag) geschlossen.

MUSEEN
Anne-Frank-Haus ▸ S. 113, E 3
Die Prinsengracht 263 ist längst eine feste Adresse für jede Klassenfahrt sowie der Stolz der Amsterdam-Werbung. Das in einem kühlen Museumsbau versteckte Haus diente der

Familie Frank bis Juli 1942 während der deutschen Besatzung als Unterschlupf. Das Versteck wurde von holländischen Kopfgeldjägern, die sehr aktiv waren, verraten. Als der Wiener SS-Oberscharführer Karl Josef Silberbauer gemeinsam mit drei Amsterdamer Polizisten Anne und sieben weitere Juden am 4. August 1944 dort verhaftete, blieb ihr Tagebuch zurück. Im März 1945 starb Anne Frank in Bergen-Belsen an Typhus. Ihr Vater hatte große Mühe, für das Tagebuch seiner Tochter – seit Sommer 2009 UNESCO-Weltdokumentenerbe – einen Verleger zu finden. Der Historiker David Barnouw (Kriegsinstitut) über das in Frankfurt geborene Mädchen: »Sie, die Deutsche, die für 7,50 Gulden verraten wurde, ist die beste Botschafterin, die wir heute haben. Sie verkörpert den guten Holländer im Kampf gegen den bösen Deutschen.«
Im »Achterhuis«, in dem Anne ihr Zimmer hatte, erfährt der Besucher durch die Hektik wenig andächtige Stille. Original sind u.a. Fensterrahmen, Türen und Tapeten.
Die Besucher, die Annes Zimmer mit Blick auf den Kastanienbaum sehen wollen, müssen sich auf stundenlange Wartezeiten einstellen. Die Stiftung wollte den Baum 2008 fällen, doch nach einem juristischen Streit kann er vorerst stehen bleiben. Allerdings ist er vom Fenster aus durch einen Sichtschutz verdeckt.
Der Museumsrundgang beginnt im Neubau. Das »Voorhuis« mit dem Opekta-Betrieb ist ebenso zu sehen wie der Bücherkasten, hinter dem sich die Zimmer der Familien Frank und Pels befanden. Angeschlossen sind ein Museumsshop und ein Café.

Der markante grüne Bau des Technologiezentrums NEMO (▶ S. 77) stammt aus der Feder des italienischen Stararchitekten Renzo Piano.

Centrum • Prinsengracht 267 • Tram: Westermarkt (b 2) • www.annefrank. org • tgl. 9–19, Juli–Aug. tgl. 9–22 Uhr • Eintritt 8,50 €, 10–17 Jahre 4 €, Kinder frei

Grachtenhuis ▶ S. 113, E 8

Als Ausgangspunkt eines Grachten-Spaziergangs bietet sich ein Besuch des Grachtenmuseums an. In dem historischen Stadtpalast erhält man einen Überblick über die Geschichte des Grachtengürtels, der auf der Liste des UNESCO-Welterbes steht.

Centrum • Herengracht 386 • Tram: Keizersgracht (b 3) • www.hetgrachten huis.nl • Di–So 10–17 Uhr • Eintritt 12 €, Kinder 8 €

Hendrikje Tassenmuseum ▶ S 114, A 8

In diesem stilvollen Stadtpalast von 1664 können nicht nur die Zimmer besichtigt werden, sondern das Haus enthält auch das einzige Taschen-museum der Welt. Zu sehen ist eine umfangreiche und originelle Samm-lung von Handtaschen aus fünf Jahrhunderten – von Beutel- und Bügeltaschen bis zu Geldstrümpfen und Art-déco-Modellen. Sehenswert ist auch der historische Garten mit schönem Café.

Centrum • Herengracht 573 • Tram: Rembrandtplein (c 3) • www.tassenmuseum.nl • tgl. 10–17 Uhr

Hermitage Amsterdam

▸ S 114, A 8

Die Grachtenstadt ist mit der Dependance der weltberühmten Eremitage in Sankt Petersburg um ein Museum reicher geworden. Das repräsentative und weitläufige Museum (4400 qm Ausstellungsfläche) befindet sich in einem ehemaligen Alterswohnheim von 1683 und liegt dominant an der Amstel mit Blick auf den Grachtengürtel.

Alle ausgestellten Werke sind Leihgaben. Aber Meisterwerke flämischer und holländischer Maler aus der Eremitage werden vorläufig nicht ausgeliehen. Hell und modern das Café Neva mit Terrasse. Der prächtige Innenhof kann kostenlos besucht werden.

Oost • Amstel 51 • Metro/Tram: Waterlooplein (d 3) • www.hermitage.nl • tgl. 10–17, Mi bis 20 Uhr • Eintritt 15 € (MJK), Kinder frei

Huis Marseille – Museum voor Fotografie

▸ S. 113, E 4

In einem Grachtenhaus aus dem 17. Jh. wird die Geschichte der Fotografie nachgezeichnet. Hier kann man nicht nur alles über die technischen Grundlagen der Fotografie erfahren, sondern das Museum ist darüber hinaus sehenswert, weil es das »Innenleben« eines Patrizierhauses zugänglich macht. Hinter dem klassizistischen Halsgiebel verbirgt sich ein großartiger Stadtpalast, dessen Struktur und Atmosphäre des 17. Jh. weitgehend erhalten geblieben ist. Das Grachtenhaus wurde um das Jahr 1655 von einem französischen Kaufmann erbaut, der es durch den florierenden Handel zwischen Amsterdam und Marseille zu Reichtum gebracht hatte – daher der Name des vierstöckigen Gebäudes mit seiner prachtvollen Beletage.

Im Souterrain befindet sich die alte Küche. Sie wird als Medienraum genutzt, in dem Bücher und Prospekte zur Fotografie ausliegen, die durchgeblättert werden können.

Centrum • Keizersgracht 401/Ecke Leidsestraat • Tram: Keizersgracht (b 3) • www.huismarseille.nl • Di–So 11–18 Uhr • Eintritt 3,50 € (MJK), Kinder frei

Joods Historisch Museum

▸ S. 114, B 8

Das wohl eindrucksvollste jüdische Museum der Welt außerhalb Jerusalems ist in den vier ehemaligen Synagogen der aschkenasischen Juden von Amsterdam untergebracht. Alles ist lichtdurchflutet und vom Himmelblau der Gebetsschalfransen überwölbt. Eröffnet 1987 in Anwesenheit der Königin und des Prinzen Claus sowie des österreichischen Bundeskanzlers. Die ehemaligen Lehrhäuser – niederländisch-jiddisch: Grote Sjoel (1671), Obenne Sjoel (1686), Dritt Sjoel (1700) und Neie Sjoel (1730–1752) – sind durch Stahl- und Glaskonstruktionen verbunden. Sie symbolisieren den geschichtlichen Bruch zwischen dem Ort und der Stadt, die rund 80 000 jüdische Bürger verlor. Ein Mahnmal befindet sich an der ehemaligen Hollandse Schouwburg.

Näher als in seinem ehemaligen Atelier im Rembrandthuis (▸ S. 78) kann man dem bekannten Maler nicht kommen. Rembrandt stammte ursprünglich aus Leiden.

Das Holländische Schauspielhaus war Sammelpunkt für Juden, die von hier aus in die Vernichtungslager transportiert wurden (Plantage Middenlaan 20). Das Museum wurde 2004 restauriert. So fällt die marmorne Ark mit Ziertürmchen und Thoramantel beim Betreten auf. In der Groete Sjoel sind Ausstellungen über jüdische Tradition und Glauben sowie die Geschichte von 1600 bis 1890 in Holland zu sehen.

In der Nieuwe Sjoel stehen der chronologische Ablauf der Integration und die damit verbundenen Schwierigkeiten der jüdischen Bürger nach 1890 im Mittelpunkt. Die Parallelen mit der Integrationsdiskussion von Muslimen sind verblüffend. Auch damals mussten Thora und Gebetsbücher ins Niederländische übertragen werden, damit die Obrigkeit einen Einblick bekam, was dort verkündet wurde. Koschere jüdische Spezialitäten werden im Café des Museums angeboten.

Centrum • Jonas Daniël Meijerplein/ Nieuwe Amstelstraat • Metro: Waterlooplein (d 3) • www.jhm.nl • tgl. 11–17 Uhr • Eintritt 9 €, Jugendliche 4,50 €

Museum Ons' Lieve Heer op Zolder ▸ S. 114, A 7

Die stimmungsvolle katholische ehemalige Schutzkirche zum »lieben Herrgott auf dem Dachboden« von 1661 ist komplett erhalten geblieben und erinnert an jene Epoche, als nach der »Alteration« der Stadt – dem Wechsel vom Katholizismus zum Calvinismus – alle anderen Liturgien nur noch geduldet waren und nur gegen Entrichtung einer Steuer im »Geheimen« ausgeübt werden durften.

Das Museum, auch Amstelkring genannt, war das Grachtenhaus eines Kaufmanns aus Münster, der es in eine von einstmals etwa 250 »Geheim- oder Schlupfkapellen« umwandelte: Dreigeschossige Kapelle mit Barockaltar, Wohnräume des Kaplans und Kunstwerke. Zurzeit wird das revolutionäre Denkmal einer wechselvollen Epoche restauriert, bleibt aber für Besichtigungen geöffnet. 2011 wird sie wieder im barocken Glanz mit leuchtenden Farben erstrahlen.

Altstadt (Oude Zijde) • Oudezijds Voorburgwal 40 • Tram: Damrak (c 2) • www.opsolder.nl • Mo–Sa 10–17, So 13–17 Uhr • Eintritt 7 € (MJK)

Museum van Loon   ▶ S. 117, F 9

Dieses Patrizierhaus an der vornehmen Keizersgracht wurde 1671/72, zur Blütezeit der Stadt, im Auftrag eines flämischen Kaufmanns von Adriaen Dortsman entworfen.

Der Rundgang führt ins Speise- und Gartenzimmer mit Familienporträts der van Loons. Herrlicher Blick in den Rokokogarten mit Sommer- und Kutschhaus. In der oberen Etage befindet sich das Schlafzimmer und das »Vogelzimmer«, die frühere Bibliothek. Ungewöhnlich für ein Grachtenhaus sind die vier Standbilder, Götter der Antike, die seit 1672 auf dem Giebel ausharren.

Centrum • Keizersgracht 672 • Tram: Keizersgracht (c 4) • www.museum vanloon.nl • Mi–Mo 11–17 Uhr • Eintritt 7 € (MJK)

NEMO Technology Center 👫
▶ S. 114, C 7

Über dem Ij-Tunnel, im ehemaligen Osthafen, erhebt sich das Zentrum für Technologie und Forschung. Entworfen hat es der Italiener Renzo Piano, der Architekt des Centre Pompidou in Paris. Im NEMO-

MERIAN-Tipp   **9**

SCHEEPVAARTMUSEUM 👫
▶ S. 114, C 7

Im ehemaligen Zeughaus der Amsterdamer Admiralität von 1656 befindet sich das Schifffahrtsmuseum mit der umfangreichsten und schönsten Sammlung zur maritimen Geschichte Hollands. Nach einer vierjährigen Umbauperiode wurde das Haus im Oktober 2011 neu eröffnet. Überdachter Innenhof, Museumshop, Restaurant mit Terrasse am Wasser. Spezielle Programme für Kinder. Hinter dem Haus liegt die Nachbildung des Ostindienfahrers »Amsterdam«(▶ S. 51).

Zeeburg • Kattenburgplein 1 • Bus: Kadijksplein (d 3) • www.hetscheep vaartmuseum.nl • tgl. 9–17 Uhr • Eintritt 15 €, Kinder 7,50 €

Center hat man sich die multimediale Vermittlung technisch-naturwissenschaftlicher Erkenntnisse zur Aufgabe gemacht; Themen sind Energie, Kommunikation und der Mensch in seiner Welt.

Im Hafenbecken Oosterdok beim NEMO liegen dicht an dicht zahlreiche Binnenschiffe und rund zwei Dutzend historische Binnenfahrtsboote, die vor 1940 erbaut wurden. Diese Schiffe können nicht besichtigt werden, doch Informationstafeln geben über Typ und Bauart Auskunft.

Centrum • Oosterdok 2 • Bus: Kadijksplein (d 3) • www.e-NEMO.nl • Di–So 10–17 Uhr, Juni–Aug. auch Mo • Eintritt ab 4 Jahre 13,50 €, Terrasse 2,50 €

NiNsee – Institut für Sklaverei 🏃‍♀️   ▶ S. 119, D 13

Die Videobilder, durch die dazu angeregt wird, sich mit der grausamen Vergangenheit holländischer Sklaverei auseinanderzusetzen, sind Höhepunkt der Ausstellung.

Was das Anne-Frank-Haus für die Verfolgung der Juden ist, soll das im UNESCO-Jahr der Sklaverei eröffnete »Nationaal Instituut Nederlands slavernijverleden en erfenis« (NiNsee) für die Nachfahren holländischer Sklaven sein – eine Erinnerungsstätte. Historische Stiche, Bilder und Schriften sollen der Fantasie auf die Sprünge helfen. 1517 erhielt Holland das Recht, mit Sklaven zu handeln – als letzte europäische Nation schaffte das Land den Sklavenhandel 1863 ab.

Oosterpark • Linnaeusstraat 35f (beim Tropenmuseum) • Tram: v. Swindenstraat (e 4) • www.ninsee.nl • Do–So 13–17 Uhr • Eintritt 2,50 €, Kinder 6–18 Jahre 1,50 € (MJK)

Rembrandthuis 🏃‍♀️   ▶ S. 114, A 8

Nach seiner Übersiedlung aus Leiden (1631) hatte der Maler Rembrandt zunächst beim Kunsthändler Hendrick Uylenburch in der Anthoniebreestraat gewohnt. Dort lernte er auch seine spätere Frau Saskia kennen, die er oft porträtierte. 1635 zog das Paar in die damals reiche Gegend an der Nieuwe Doelenstraat um. Vier Jahre später erwarb Rembrandt das stattliche Haus im Judenviertel. Rembrandt lebte auf großem Fuß und war am Ende völlig verarmt. 1660 musste er sein Haus verkaufen. Er zog sich an die Rozengracht zurück, und die Gläubiger ließen sein Hab und Gut versteigern. Daher ist das Rembrandt-Haus nicht mit dem ursprünglichen Inventar ausgestattet. Allerdings hat man alles mit Möbeln aus der Zeit eingerichtet. Das gesamte grafische Werk des Malers (250 Arbeiten), darunter zahlreiche Radierungen mit Motiven aus Amsterdam und Umgebung, wird dort gezeigt.

Altstadt • Jodenbreestraat 4–6 • Metro: Waterlooplein (d 3) • www. rembrandthuis.nl • tgl. 10–17 Uhr • Eintritt 9 €

Rijksmuseum 9️⃣   ▶ S. 117, E 9/10

Die Schatzkammer des Königreichs ist wegen Bauarbeiten bis 2013/14 geschlossen. Die etwa 400 Meisterwerke niederländischer Malerei und weitere Kostbarkeiten sind im neu gestalteten Südflügel, dem sogenannten Philipsflügel, in einer Sonderausstellung zu sehen – darunter auch Rembrandts bekanntes Werk »Die Nachtwache«.

Der Monumentalbau, im Stil der Neorenaissance erbaut und 1885 eingeweiht, gilt als ein Wahrzeichen der Hauptstadt und darf an der Fassade nicht verändert werden. Das »Nieuwe Rijksmuseum«, im Inneren für 272 Mio. € restauriert und umgestaltet, sollte 2008 fertiggestellt werden, doch durch Eitelkeiten, Paragrafen und Proteste von Bürgern verzögert sich die Wiedereröffnung. Auch die Fahrradlobby hatte gegen den Bau des künftigen Foyers in der Passage, das den Museumsplatz mit dem Zentrum verbindet, protestiert und den Bau um ein Jahr verzögert: Die Radwege bleiben. Freunden des Besonderen sei die »Hard Hat Tour« ans Herz gelegt, ein Rundgang durch die Baustelle und das leere Museum, wo Restauratoren arbeiten. Freitags um 11, 13 und 15 Uhr. Im Bau-Informationszentrum im Museumsgarten ist Näheres zu erfahren.

Schon der erste Saal des Philipsflügels macht dem Besucher deutlich: Es geht bei der Auswahl der »Meisterwerke« um die Blütezeit Hollands, das 17., das »Goldene Jahrhundert«, als die Republik durch Handel, Seefahrt, Krieg, Diplomatie, Piraterie und Sklavenhandel selbstbewusst und reich geworden war. Die Wand ziert die monumentale »Schützenmahlzeit zur Feier des Friedens von Münster« (1648). Es soll gezeigt werden, dass das »Wunder des 17. Jahrhunderts« mit all seinen berühmten Malereien untrennbar mit der Machtpolitik und Gewalt dieser Epoche verbunden war.

Der Wohlstand war wiederum der Ausgangspunkt für die Kunst. Zu sehen sind daher auch Delfter Blauw, Silberarbeiten und die Publikumslieblinge – zwei Puppenhäuser aus dem 17. Jh., angefertigt im Maßstab 1:9 eines Amsterdamer Palazzos an der Herengracht. Die exakte Herstellung der Miniatur kostete seinerzeit so viel wie der Neubau eines Grachtenhauses.

In den sieben Sälen im ersten Stockwerk hängen weitere Meisterwerke, eingeteilt nach Themen wie Landschaft, Genre sowie 14 frühe und späte Arbeiten von Rembrandt. Ferner einige Vermeers (»Straße in Delft«, »Milchmädchen« und »Brief lesende Frau«), Porträts von Frans Hals sowie vier Arbeiten von Ruisdael. Das Parkett bedeckt elefantengrauer Teppich, die Wände sind silbergrau mit Motiven aus dem 17. Jh., außerdem Damast – abwechselnd matt und glänzend. Am Ende des Rundgangs die Ikone des Museums: »Die Nachtwache«. Man steht sozusagen Auge in Auge mit den Schützen. Ein Durchgang führt anschlie-

Die Schuttersgalerij (▸ MERIAN-Tipp, S. 80) beherbergt riesige Schützengemälde aus Amsterdams »Goldenem Zeitalter«.

MERIAN-Tipp

SCHUTTERSGALERIJ

▸ S. 113, F 4

Fast jeder Besucher eilt unmittelbar daran vorbei, wenn er durch die Kalverstraat läuft, aber kaum einer schaut (gratis) in der schönsten Fußgängerzone der Welt vorbei: In der Gasse, die vom Hof des Amsterdam Museums abgeht, hängen 15 großformatige Gemälde aus dem 16. und 17. Jh. mit Schützen und Regenten. Diese Schützengalerie ergänzt die bunte Museenwelt der Stadt. Die Amsterdamer Stadtgeschichte ist im großen Komplex des früheren Waisenhauses zu sehen. Café und hübsche Terrasse im Innenhof.

Centrum • Kalverstraat 92 • Tram: Spui (c 3) • www.ahm.nl • Mo–Fr 10–17, Sa, So 11–17 Uhr • Eintritt 10 €, Senioren 7,50 €, 6–18 Jahre 5 € (MJK)

ßend direkt in den Museumsshop. Sehenswert ist auch der Museumsgarten. Hier wurden altholländische Baufragmente zusammengetragen, Stadttore aus Groningen und Deventer, gotische Säulen aus Edam und vieles mehr.

Museumkwartier • Rijksmuseum, Philipsflügel • Tram: Hobbemastraat (b 4) • www.rijksmuseum.nl • »De Meesterwerke« bis 2013 tgl. 9–18, Fr 9–21 Uhr • Eintritt 12,50 €, Jugendliche bis 18 Jahre frei (MJK)

Stedelijk Museum ▸ S. 114, B 7

Nach umfangreichen Umbauarbeiten soll das Stedelijk, das Städtische Museum für moderne Kunst, Ende 2012 wiedereröffnet werden. Die Sammlung umfasst Werke von Marc Chagall, Max Beckmann, Picasso, Matisse, Mondrian, Cézanne, der Kunstrichtung De Stijl sowie zahlreicher deutscher und amerikanischer Künstler. Große Kollektion der Werke von Malewitsch. Außerdem Design, Fotografie und mediale Kunst. Café und Terrasse.

Museumkwartier • Museumplein 10 • Tram: Museumplein (b 5) • www.stedelijk.nl • neue Öffnungszeiten und Eintrittspreise stehen noch nicht fest

Tropenmuseum ⚭ ▸ S. 119, D 13

In diesem gewaltigen Komplex, 1910 als Kolonialmuseum gegründet, wird die holländische Kolonialgeschichte dokumentiert. Auf drei Etagen wird mithilfe von Multimediatechnik die Geschichte der in den Tropen lebenden Völker präsentiert. Zahlreiche Sonderausstellungen in der monumentalen Eingangshalle. Besonders beliebt sind die Theater-, Film- und Musikvorstellungen aus fernen Ländern.

Oosterpark • Linnaeusstraat 2 • Tram: Mauritskade (e 4) • www.tropenmuseum.nl • www.tropentheater.nl • tgl.10–17 Uhr • Eintritt 9 €, 6–17 Jahre 5 €, Familienkarte 25 €

Vincent-van-Gogh-Museum 🔟

▸ S. 117, D 10

Das Museum ist wegen Brandunsicherheit und Restaurierung von Sept. 2012 bis voraussichtlich Juni 2013 geschlossen. Ein Teil der Bilder ist währenddessen in der Hermitage zu sehen. Die Sammlung umfasst 205 Gemälde, 524 Zeichnungen und Aquarelle, Hunderte Briefe sowie die Holzschnitte, die nach Vincents Tod an seine Familie gefallen waren, dazu

Bilder verschiedener Impressionisten und Romantiker.
Museumkwartier • Paulus Potterstraat 7 • Tram: Museumplein (b 5) • www.vangoghmuseum.nl • tgl. 10–18, Fr 10–22 Uhr • Eintritt 14 €, Kinder und Jugendliche frei

Willet-Holthuysen-Museum
▶ S. 114, A 8

Das Haus eines betuchten Sammlers alter Gläser (Abraham Holthuysen), der mit der Erbin dieses Schmuckstücks aus dem Jahr 1687 verheiratet war, ging Ende des 19. Jh. in den Besitz der Stadt über. Der Besucher erfährt, wie einst die feine Gesellschaft unter diesem Dach gelebt hat. Der Garten ist im regelmäßigen französischen »Strickmuster-Stil« angelegt.
Centrum • Herengracht 605 • Tram: Rembrandtplein (c 3) • www.willet-holthuysen.nl • Mo–Fr 10–17, Sa, So 11–17 Uhr • Eintritt 7 €, Kinder 3,50 €

GALERIEN

Kunst und Antiquitäten (▶ Einkaufen, S. 29) werden in Amsterdam seit über 400 Jahren feilgeboten. Schon Rembrandt und van Gogh versuchten hier, ihre Werke zu verkaufen.

AKTUELLE NIEDERLÄNDISCHE KUNST
Annet Gelink Gallery ▶ S. 113, D 3
Neue Talente, weitgehend unbekannte Künstler und aktuelle Tendenzen.
Centrum • Lauriergracht 187–189 • Bus/Tram: Marnixstraat (b 2) • Di–Sa 11–18 Uhr

Galerie Lieve Hemel ▶ S. 117, E 9
Aktuelle niederländische Kunst mit wechselnden Ausstellungen.
Centrum • Nieuwe Spiegelstraat 3 • Tram: Spiegelgracht (b 4)

Lambiek
▶ S. 117, E 9
Antiquarische und neue Comics.
Centrum • Kerkstraat 132 • Tram: Prinsengracht (b 4)

ALTE KUNST
M. L. de Boer ▶ S. 117, E 9
Niederländische und französische Kunst des 19. Jh.
Centrum • Keizersgracht 542 • Tram: Keizersgracht (c 4)

De Dolfijn ▶ S. 117, E 9
Aquarelle, Zeichnungen aus dem 18. und 19. Jh.
Centrum • Spiegelgracht 7 • Tram: Spiegelgracht (b 4)

Charles Roelofs ▶ S. 113, E 4
Alte holländische und flämische Meister.
Centrum • Leidsegracht 42 • Tram: Keizersgracht (b 3)

Marjan Sterk ▶ S. 117, E 9
Antiker Schmuck und Gold.
Centrum • Nieuwe Spiegelstraat 63 • Tram: Spiegelgracht (b 4)

KUNSTMÄRKTE
Artplein Spui ▶ S. 113, F 4
Lohnend: Eine Gruppe von rund 60 niederländischen und internationalen Künstlern bietet im Wechsel ihre Werke an. Die 25 ausstellenden Künstler sind normalerweise anwesend. Musikalische Untermalung ist inklusive.
Centrum • Spui (neben dem Begijnhof) • Tram: Spui (c 3) • www.artpleinspui.nl • März–Dez. So 10–18 Uhr

Büchermarkt ▶ S. 113, F 4
Bücher, Kunst und Kunsthandwerk.
Centrum • Spui • Tram: Spui (c 3) • Fr 10–18 Uhr

Hals, Rembrandt, Steen, Vermeer ... im Rijksmuseum (▶ S. 88) sind viele wichtige Werke der niederländischen Porträt- und Landschaftsmalerei zu bewundern.

Spaziergänge
und Ausflüge

Die Metropole an der Amstel will erlaufen werden.
Auch die Umgebung, etwa Haarlem, glänzt mit
repräsentativen Bauten und feinen Kunstwerken.

Bummel durch Alt-Amsterdam – Flanieren durch eine Epoche des Reichtums

CHARAKTERISTIK: Spaziergang durch das Herz der einst so reichen Handelsstadt: von der katholischen »Schutzkirche« durch die Altstadt, zum Begijnhof, dem Königlichen Palast und der »Goldenen Bucht«, bis zur Herengracht **DAUER:** ca.

4 Std. **LÄNGE:** ca. 5 km **EINKEHRTIPP:** Gebr. Niemeijer Bakkerij (▸ S. 26), Nieuwendijk 35, Tel. 7 07 67 52 €
KARTE ▸ KLAPPE VORNE, S. 114, A 6

Diesen schönen Spaziergang beginnt man am besten frühmorgens an Sonntagen. Dann sind Straßen und Grachten still und leer. Man hört die Stadtspatzen, Brieftauben und Turmglocken. Gähnende Menschen öffnen quietschende Fenster. Aber auch die Kehrseite der Stadt bleibt nicht verborgen: Obdachlose liegen in geschützten Straßenwinkeln, notdürftig vor Kälte geschützt durch den »De Telegraaf« von gestern.

Centraal Station ▸ Oudezijds Kolk

Wir stehen an der Ecke beim Victoria Hotel, links die **Centraal Station**, rechts der **Damrak**. Früher war hier Wasser, das von der Förde stadteinwärts floss. Wir überqueren die Straße und gelangen zum alten Zeedijk, der bei Hochwasser in der Förde auch wirklich noch als Deich funktionieren müsste. Links hat sich in zum Teil 300 Jahre alten Häuschen ein Luxushotel etabliert. Gegenüber sehen wir die Geneverstube »De Ooievaar« (▸ MERIAN-Tipp, S. 23). Jahrelang war der Zeedijk okkupiert von Dealern und Junkies; Ende der Neunzigerjahre wurde die alte Straße dann schrittweise von den Bürgern zurückerobert. Haus Nr. 1: eines der ältesten Wohnhäuser der Stadt, aus Holz, um 1550. Der Keller wurde an Bedürftige vermietet. Nr. 19: zwei Häuser unter einem

Dach. Der Eigentümer konnte sich nur die Hälfte leisten, die andere Hälfte wurde vermietet. Wir befinden uns an der **Oudezijde** (Altseite) der Stadt. Von hier aus hat sie sich im 13. Jh. ausgedehnt. Später kam im Westen die **Nieuwezijde** hinzu. Dort endet unser Spaziergang.

> **WUSSTEN SIE, DASS ...**
>
> ... die Polizei regelmäßig an der Centraal Station »falsch« abgestellte Fahrräder abtransportieren lässt? Während einer Auktion werden sie nur an Händler versteigert.

Oudezijds Kolk ▸ Oude Kerk

Vor dem **Oudezijds Kolk**, einer alten Schleuse, biegen wir rechts in den **Sint Olofssteeg** ab und gelangen auf den **Oudezijds Voorburgwal**. Der Treppengiebel des Hauses Nr. 14 datiert von 1605 und ist mit dem Wappen von Riga geschmückt. Hier hat ein Ostseekaufmann gewohnt. Der Giebel ist mit Wasserleisten unterteilt, damit der Regen nicht die ganze Fassade hinunterläuft. Links liegt das Vorderhaus mit Wendeltreppe, rechts das erhöhte Seitenzimmer mit Kamin für die Wintermonate. Das Souterrain beherbergte einst die Küche. Die Leute wohnten normalerweise im Hinterhaus und schliefen

Wer vor der Centraal Station (▶ S. 52) steht, hat nur wenige Schritte bis zum Wasser. An der Nordseite befindet sich die Anlegestelle für Fähren und der neue Busbahnhof.

im ersten Stock. Über ihnen lagerten Herdtorf und Wintervorräte. Dort wurde auch die Wäsche getrocknet und gebügelt.

Oudezijds Voorburgwal Nr. 40, ein Kaufmannshaus von 1662/63, ist besonders merkwürdig: Es tarnte eine katholische Schutzkirche, **Ons' Lieve Heer op Solder**, heute Museum Amstelkring. Der Kirchensaal unterm Dach erstreckte sich über die rückwärtigen Häuschen. Man erreichte ihn durch die Tür am Heintje Hoeksteeg. Etwas weiter, und wir sind bei der **Oude Kerk** (Alten Kirche). In den Anbauten, 16. bis 18. Jh., wohnten Kirchmeister und Küster. In den Häuschen wurden auch Fußwärmer und Stühle gelagert. Nur reiche Leute hatten feste Plätze in der Kirche. Die anderen mussten Sitzgelegenheiten mieten.

Oude Kerk ▶ Oudemanhuispoort

Wir befinden uns auf den »Wallet-jes«, auch »Rosse Buurt« genannt, eine wahrhaft wüste Gegend. Nur früh am Tag sind die oft ebenerdigen Wohnzimmerfensterchen leer, in denen sich Frauen aus allen Erdteilen zur Schau stellen. Der Zulauf ist bekanntlich massiver als im Rijksmuseum, wo man nichts berühren darf. Weiter die Straße hinunter: Brückchen links, **Oudekennissteeg**; ein zweites Brückchen, **Oudezijds Achterburgwal**; einmal rechts, einmal links: **Barndesteeg**. Hinter der Mauer verbirgt sich ein längst verlassenes Schwesternkloster. Den Eingang finden wir im Hoogkamersgang am Oudezijds Achterburgwal.

Der Barndesteeg führt zum **Kloveniersburgwal**. Haus Nr. 10–12 beherbergt Jacob Hooy, die älteste Drogerie und Teehandlung von Amsterdam. Auf der gegenüberliegenden Seite (Nr. 29) steht das Doppelhaus der Waffenhändler Hendrick und

Louis Trip, 1660 nach Plänen von Justus Vingboons erbaut, heute Sitz der Königlichen Akademie der Wissenschaften. Die Schornsteine sind gedrehte Kanonenrohre aus der Alt-Amsterdamer Waffenschmiede. Vis-à-vis (Nr. 26) steht das »Kleine Trippenhuis«, das die reichen Herren angeblich aus Rührung für einen ihrer Hausdiener bauen ließen, aus überschüssigem Baumaterial. Weiter zur **Oude Hoogstraat**. Dort kurz nach rechts. Anschließend führt ein Törchen links in den Hof des **Oostindischhuis**, das der Vereinigten Ostindischen Kompanie gehörte. Zurück zum Kloveniersburgwal und weiter bis zur **Oudemanhuispoort** (rechts), dem Tor des ehemaligen Altmännerhauses von 1601 – eine Ausnahme, denn normalerweise wurden nur Frauen wohltätig einquartiert. Wochentags bietet die Kolonnade fliegenden Händlern ein Forum. Der heutige Komplex datiert von 1753. Hier befindet sich auch der Sitz der Universität von Amsterdam.

Oudemanhuispoort ▶

Utrechtsestraat

Wir kehren um und bummeln weiter über die folgende Brücke nach links zur Blauwbrug. Von hier aus bietet sich ein Blick auf das Musiktheater, genannt Stopera. Weiter nach rechts, am Amstelufer entlang. Gegenüber erkennt man die Front des Amstelhofs von 1681, heute das Hermitage Museum.

Wir biegen nun auf die rechte Seite der **Herengracht** ein. Nr. 605 gehörte der Patrizierfamilie **Willet-Holthuysen** und fiel Ende des 19. Jh. als Legat an die Stadt, die darin ein Museum eingerichtet hat. Auf der anderen Seite Nr. 502, der ehemalige Stammsitz eines Herrn der Westindischen Kompanie (ab 1671). Das Gebäude mit Garten im französischen Stil ist heute Amtswohnung des Bürgermeisters.

Der Königliche Palast am Dam (▶ S. 63) war einst das größte öffentliche Gebäude Europas und Sitz des Magistrats und des Stadtgerichts.

Utrechtsestraat ▶ Bijbels-Museum

Wir überqueren die **Utrechtse-straat**, die links zur Nederlandse Bank mit den Goldvorräten des Landes und rechts zum Rembrandtplein führt. Nr. 579: Haus des Kuchenbäckers und Börsenspekulanten Pieter van Schoorel. Ein paar Schritte weiter, und wir sind am **Thorbeckeplein**. Nach links öffnet sich der Blick in die malerische **Reguliersgracht**. Weiter die **Herengracht** entlang.

Wir überqueren die Vijzelgracht. Im Untergrund wird an der neuen Metro gebaut. Zwischen Vijzelgracht und Leidsestraat liegt die Gouden Bocht, der »Goldene Bogen«, der Herengracht. Diese Wasseravenue entstand Ende des 17. Jh. und ist berühmt wegen ihrer besonders pompösen und eindrucksvollen Stadthäuser – die Schauseite der damals auf dem Höhepunkt ihrer Macht stehenden Stadt und ein imposantes Ensemble von architektonischer Geschlossenheit. Im Inneren zeigt sich luxuriöser Geschmack der Eliten. Hinter den Portalen residieren Verlage, die Deutsche Bank oder das Goethe-Institut.

Bei der Leidsestraat wechseln wir auf die andere Seite und passieren die **Leidsegracht**. Nr. 380–382: im Stil der französischen Renaissance; 1890 in Anlehnung an ein Haus von William Vanderbilt an der Fifth Avenue in New York für den Tabakhändler Jacob Nienhuys erbaut, heute eine Dependance des Finanzministeriums. Nr. 364–370: die Cromhout-Häuser von Philips Vingboons. Sie datieren von 1662 und zählen zu den Paradestücken der Amsterdamer Architektur. Nr. 366 birgt das **Bijbels-Museum**.

Bijbels-Museum ▶
Nieuwezijds Voorburgwal

Nun rechts über die Brücke in den **Wijde Heisteeg** über den **Singel** und weiter geradeaus (Heisteeg) auf den **Spui**. Dieser Platz hat seinen Charme bewahrt. Hier befindet sich die international sortierte Zeitschriften- und Buchhandlung »Athänaeum« sowie die beliebten Kneipen-Cafés »Luxembourg« und »Hoppe«. Vom Platz (links) führt eine Pforte in den **Begijnhof** **2** . Am anderen Ende gelangen wir in die Höfe des Bürgerwaisenhauses vom Ende des 16. Jh. Der Ausgang mündet rechts in die **Kalverstraat**. Nach links, und wir sind auf dem **Dam** mit dem **Königlichen Palast** **6** .

Nieuwezijds Voorburgwal ▶
Centraal Station

Inzwischen sind wir auf der »neuen Seite« der Stadt, **Nieuwezijds Voorburgwal**. Wir überqueren diesen alten Stadtwall und bummeln durch den **Molsteeg** und **Torensteeg** wieder zum Singel. Nun über die Brücke, sofort nach links, dann wieder rechts: Driekoningenstraat mit einstigen Kutschhäusern der Patrizier von der **Herengracht** und am Ende der Gasse ein Blick auf das prachtvolle Bartolotti-Haus. Nun nach links und über die Brücke rechts, sodass wir die Häuser besser betrachten können. Weiter über die Herengracht bis zum **Blauwburgwal**. Nun nach rechts und am Ende über die Brücke wieder zum **Singel**. Nun über das Singel-Ufer bis zur Runden Lutherischen Kirche. Die angrenzende Haarlemer Schleuse diente der Entwässerung. Zum Abschluss lädt die Backstube der Gebr. Niemeijer zur Einkehr. Von dort geht es zurück zum Bahnhof.

Grachtentour mit der Museum Line – Hollands »Goldenes Jahrhundert«

CHARAKTERISTIK: Eine Kombination von Spaziergang und Rundfahrt mit der Museum Line führt zu den Stationen der »goldenen Zeit« im 17. Jh. **DAUER:** Halb- oder

Ganztagstour **LÄNGE:** variabel, mindestens 2 km (zu Fuß) **EINKEHRTIPP:** Café Neva (▶ S. 74), Amstel 51, Tel. 5 30 74 83, www.neva.nl €
KARTE ▶ KLAPPE VORNE, S. 114, A 6

Es war allerhand los damals, zu Lebzeiten Rembrandts, also zwischen 1606 und 1669: In diesen Jahren hatten die Holländer die Spanier aus dem Land vertrieben und ein gewaltiges Kolonialreich in Asien gegründet. Auf dem Globus wurden die Claims abgesteckt, neue Grenzen gezogen. Wer zuerst kam, mahlte zuerst – egal ob in China oder Amerika, in Afrika oder der Karibik. Und die Holländer mischten an vorderster Front mit, handelten mit Gewürzen und Salz, Sklaven und Waffen, Opium und Porzellan und häuften schier unermessliche Reichtümer an. Jene Epoche, in der der Rubel rollte und die Kunst blühte, wird als das »Goldene Jahrhundert« in den Geschichtsbüchern vermerkt. Rund um die Altstadt gruben deutsche Tagelöhner den berühmten Grachtengürtel, an dem ein Großteil der zahlreichen denkmalgeschützten Bauwerke steht.

Centraal Station ▶ Rijksmuseum

Die Fahrt mit der türkisfarbenen Museum Line führt vom Hauptbahnhof an der **Westerkerk** vorbei; dort liegt Titus, Rembrandts Sohn, begraben. Das Grab des Meisters selbst hat man dort bisher vergeblich gesucht. Es geht weiter durch die schöne Prinsengracht zum **Rijksmuseum** 🟥 – mit all seinen Rembrandt- und Frans-Hals-Gemälden.

Hier verlässt man das Boot und begibt sich auf einen Rundgang durch den Philipsflügel.

Rijksmuseum ▶ De Waag

Anschließend geht es zu Fuß weiter zur **Prinsengracht**, durch die **Spiegelstraat** mit Abstecher zum **Van-Loon-Haus** an der Keizersgracht 672. Hinter dem Portal verbirgt sich ein Patrizierhaus mit Grachtengarten, einem Prunkstück französischer Gartenbaukunst mit Sonnenuhr und Kutschhaus. Anschließend spaziert man entlang der Keizersgracht zur Amstel und über die **Magere Brug** 🟥 zur **Hermitage**. Auf das folgende Boot kann man im Café Neva warten.

Hermitage ▶ Smit's Koffiehuis

Von hier aus führt die Bootstour durch die Nieuwe Herengracht zum nautischen Quartier, vorbei am **Scheepvaartmuseum** und der »Amsterdam«, einer getreuen Kopie des 1789 vor der englischen Küste gesunkenen Dreimasters der VOC. Die letzte Etappe geht durch den Hafen, entlang am Muziektheater und Passagier-Terminal zum Anleger »Smit's Koffiehuis«.

Die Museum Line fährt nach festem Fahrplan, und man kann mit einer Tageskarte beliebig ein- oder aussteigen. Abfahrt an der Westseite oder »Smit's Koffiehuis« (vor der Centraal Station rechts).

Mit dem Fahrrad durch das alte Hafenviertel – Auf den Spuren der Seefahrer

CHARAKTERISTIK: Beginnend bei den historischen Stadtansichten von Amsterdam führt der Weg zum nautischen Viertel und zum längst verschwundenen Judenviertel mit Rembrandthaus **DAUER:** ca. 2 Std. (mit dem Fahrrad) **LÄNGE:** ca. 9 km **EINKEHRTIPP:** Café De Druif, Rapenburgerplein 83, Tel. 6 24 45 30 €

KARTE ▶ S. 89, S. 114, A 6

Die Tour beginnt mit dem Fahrrad vor der Centraal Station. Zahlreiche Vermietungen im Centrum.

Centraal Station ▶ De Ruijterkade

Zuerst geht es gen Osten, an der Bahnpost vorbei, über die **Oosterdokskade**. Rechts erstreckt sich die alte Waterkant von Amsterdam. Die »Skyline« an der Prins Hendrikkade besteht aus hohen dunklen Gesimsgiebelhäusern des 18. Jh., zwischen denen vereinzelt jüngere Bauwerke

stehen (Nikolaikirche, Schifffahrtshaus). Hier wiegte sich bis ins 19. Jh. ein Wald von Masten im Wind. Wir radeln auf der künstlichen Landzunge, die vor etwa 150 Jahren für die Eisenbahn Haarlem–Utrecht angelegt wurde. Vor uns die Basis der Königlichen Marine. Links in der Unterführung leuchtet blau das Ij auf. Über das gekräuselte Wasser fahren Motorkreuzer, Rundfahrtboote und Fähren. Wenn wir uns übersetzen lassen, gelangen wir in den Vorhafen des alten Nordholland-Kanals.

De Ruijterkade ▶ Dijksgracht

Das breite Ufer heißt **De Ruijterkade**. Michiel Adriaenszoon de Ruijter stammte aus einer Familie von Hafenarbeitern in Vlissingen, fuhr mit zwölf Jahren als Schiffsjunge zum Amazonas und arbeitete dort in der Plantagenverwaltung. Er wurde Kaper- und Walfischfahrer und stieg im Seekrieg mit den Engländern auf der Nordsee sowie mit den Korsaren im Mittelmeer zum berühmtesten Admiral der Republik der Vereinigten Niederlande auf.

Eine Auffahrt bringt uns von der De Ruijterkade gen Osten auf die Piet Heinkade. Admiral Hein eroberte 1628 in der Bucht von Matanzas (Kuba) die Silberflotte des Königs von Spanien und wurde Nationalheld.

Dijksgracht ▶ Nieuwe Vaart

Wir radeln auf der Piet Heinkade bis zur ersten Unterführung, überqueren die **Dijksgracht** und befinden uns auf dem **Eiland Kattenburg**, an das sich noch zwei weitere künstliche Inseln anschließen: Wittenburg und Oostenburg. Nun sind wir im Gebiet der alten Schiffszimmereien und Zeughäuser der Kriegs- und Handelsflotte von Amsterdam. Entlang der **Nieuwevaart** – links die Oosterkerk (1671) – und am Ende der **Osterburgergracht**, an der Funenkade, steht die Mühle »Fune« oder »De Gooier« mit der originellen **Stadtbrauerei IJ**, in der würzige Starkbiere gebraut werden, die man auf der Terrasse verkosten kann.

Nieuwe Vaart ▶ Prins Hendrikkade

Wir biegen rechts ab, überqueren die **Nieuwe Vaart**, sehen links ein altes Zeughaus der Handelsgesellschaft und gelangen rechts in die Straße **Hoogte Kadijk**. Dort führt ein Gittertor zu der alten, aber intakten **Schiffswerft 't Kromhout**. Auf der linken Straßenseite hat der Architekt Joop van Stigt eine endlose Reihe trister Speicherhäuser aus dem 18. und 19. Jh. in Wohnungen verwandelt. Durch die Fenster sieht man noch das alte Balkenwerk. Wir schlendern mit dem Rad durch eine Passage des Häuserblocks auf das dahinterliegende **Entrepotdok**, dessen schmales Schutenbecken an den Tierpark »Artis« grenzt.

Von der **Entrepotdokkade** geht es durch ein Tor aus napoleonischer Zeit, dann überqueren wir das Brückchen der Schippersgracht und folgen dem Ufer bis zur **Anne Frankstraat**, die nur zwei Hausnummern hat. Inzwischen sind wir in der einstigen »Jodenbuurt«, wo sich seit Ende des 16. Jh. erst sephardische (portugiesische) und später aschkenasische (ost- und mitteleuropäische) Juden niedergelassen haben. Am Rapenburgerplein 83 liegt eine Kneipe von 1648, »De Druif«, wo schon Rembrandt verkehrt haben soll.

Weiter geht's durch die **Peperstraat** und nach links zum Kalkmarkt, wo der hübsche alte Wachtturm des Werftenbezirks steht. Vom Montelbaans-Turm gelangen wir auf die malerische **Binnenkant** an der Eilandsgracht. Am Ende der Uferstraße sieht man das reich dekorierte Schifffahrtshaus. An der nächsten Ecke, **Geldersekade**, erhebt sich der Schreiers-Turm, der zur alten Stadtbefestigung gehört hatte. Dahinter beginnt der **Zeedijk**. Nach einem Abstecher über die Geldersekade zur **Zuiderkerk** radeln wir wieder zurück zur **Prins Hendrikkade**.

AUSFLÜGE IN DIE UMGEBUNG

Die Einkaufs- und Blumenstadt Haarlem

CHARAKTERISTIK: Die Stadt galt einst als kulturelles Zentrum Hollands und hat sich viel von ihrer ursprünglichen Atmosphäre erhalten können **ANFAHRT:** Zugverbindung vom Hauptbahnhof oder mit dem Auto über die N 200 bzw. A 200 **DAUER:** Halbtagesausflug **EINKEHRTIPP:** Brasserie Jill's, Am Grote Markt 10, Haarlem, Tel. 0 23/5 32 94 24 € bis €€ **AUSKUNFT:** Fremdenverkehrsverein Zuid-Kennemerland, Tel. 09 00/6 16 16 00, www.haarlem.nl **KARTE ▶ S. 93, a 3**

Haarlem, 20 Minuten Fahrzeit von Amsterdam und nur noch 7 km von der Nordseeküste entfernt, ist die »idealste Einkaufsstadt« des Landes. Im Zentrum findet man 76 verschiedene Arten von Geschäften, etwa in der Kruis-, Zijl- und Gierstraat. Überall spürt man die Atmosphäre des 17. Jh. Sehenswert ist auch das **Frans-Hals-Museum** in einem Altmännerstift (Groot Heiliglaan 62), mit den großartigen Schützengemälden dieses Künstlers.

Die **Grote Kerk** war eines der beliebtesten Motive der Haarlemer Meister. Prunkstück des spätgotischen Gotteshauses ist die Barockorgel von 1738. Im Umkreis der Kirche findet man viele schöne Geschäfte. Am **Marktplatz** fallen das **Renaissance-Rathaus** und die **Vleeshal**, das Zunfthaus der Fleischerinnung, auf. Zu den wunderlichsten Sehenswürdigkeiten zählt **Teylers Museum** mit Zeichnungen von Raffael und Michelangelo.

Der Grote Markt in Haarlem (▶ S. 91). Links die Statue Laurens Janszoon Costers, der in den Niederlanden lange Zeit als Erfinder des Buchdrucks galt.

Malerische Städtchen im Waterland

CHARAKTERISTIK: Auf dieser Tour, die für das Fahrrad oder Auto geeignet ist, erlebt man Holland wie aus dem Bilderbuch **ANFAHRT:** über die Brücke von Schellingwoude am Ostrand der Stadt, dem Deich am Ijsselmeer folgen. Mit dem Bus: Volendam, Edam (Bus 10); Broek, Marken (Nr. 111), Mo–Sa 9–19 Uhr jede halbe Std. Busbahnhof (Streekbussen), ganz rechts von Centraal Station **DAUER:** Tagesausflug **LÄNGE:** ca. 125 km **EINKEHRTIPP:** De Spaander, Haven 15, Volendam, Tel. 02 99/36 96 15,

 www.hotelspaander.com, €€ **AUSKUNFT:** z. B. Touristeninformation Museumsplein (▸ S. 105), www.amsterdamtourist.nl
KARTE ▸ S. 93, b 4–b 3

Unsere erste Station, die Insel **Marken**, erreicht man über einen Damm. Alle Häuschen sind holzverkleidet und in Grün, Silbergrau oder Teerschwarz gestrichen. Am gegenüberliegenden Ufer sieht man die nächste Station des Ausflugs: **Monnickendam**. Das Städtchen blühte bis Mitte des 17. Jh. Aus dieser Zeit stammt der Spielturm mit seinen Glöckchen. An der Straße steht eine prächtige Backsteinkirche mit schönem alten Mobiliar. Einkehrmöglichkeit in der »Stuttenburgh«.

Dann geht es nach **Volendam**. Von dort kommt das Markenzeichen der Frau Antje: die Spitzenhaube »Hulletje«. Heute sieht man die Tracht nur an Feiertagen oder zu anderen festlichen Gelegenheiten. Montag ist Waschtag. Auch das liefert schöne Fotomotive. Das lokale Kuriositätenkabinett ist das Hotel Spaander. Aus Volendam kommen Popsänger, Fußballer und Motive für Wohnzimmerbilder. Man lebt von geräuchertem Aal, der Entenzucht und den Touristen. Mit Stolz tragen Männer ihre Pluderhosen und Frauen gestreifte Schürzen. Im »De Spaander« gibt es deftige Kost.

Das benachbarte **Edam** war einmal eine blühende Hafenstadt mit 30 Werften, auf denen im 17. Jh. mächtige Admiralitätsschiffe und Ostindienfahrer gezimmert wurden. Eine Backsteinkirche gebietet über den an Baudenkmälern reichen Ort.

Freilichtmuseum Zaanse Schans

CHARAKTERISTIK: Nördlich von Zaandam kann man ein typisches Dorf aus dem 18. Jh. erleben **ANFAHRT:** mit dem Auto über die A 8 durch den Coentunnel Richtung Zaanstad/Purmerend oder mit dem Regionalzug vom Hauptbahnhof Richtung Alkmaar bis Koog-Zaandijk **DAUER:** ca. 3 Std. **EINKEHRTIPP:** Eten bij de buurman, mit netter Terrasse, Dam 36, Zaandam €€ **AUSKUNFT:** Besucherzentrum Zaanse Schans, Schansend 7, Zaandam, www.zaanseschansmuseum.nl
KARTE ▸ S. 93, a 3

Der rekonstruierte Weiler an der Zaan, einem kanalisierten Wiesenfluss, liegt 15 km nordwestlich von Amsterdam. Die grün gestrichenen Holzhäuser mit weißen Festons und dazugehörigen Gärtchen stammen im Allgemeinen aus dem 18. Jh. und sind seit den Fünfzigerjahren hierher verlagert worden. Vier alte Windmühlen zieren den Ort, der wie eine Ansichtskarte wirkt; die eine mahlt »Zaanschen Mostert« (Senf).

Am **Kalveringdijk** findet man eine Zinngießerei und eine Uhrmacherei, das am Wasser gelegene Restaurant »De Walvis« und das »Noorderhuis« mit Stilzimmern. Anschließend gelangt man zur Lände der Rundfahrtboote, mit denen man von April bis September stündlich, 10 bis 17 Uhr, über die Zaan gondeln kann.

Von Mitte April bis Mitte September kann man den Ausflug freitags vormittags zum Käsemarkt von **Alkmaar** (N 8 bis Castricum, dann die A 9) ausdehnen, den Besuch des Freilichtmuseums sollte man dann für die Rückfahrt einplanen.

In den kleinen Läden der »Neun historischen Gassen« (▶ MERIAN-Tipp S. 29)
rund um die Reestraat kann man nach
Herzenslust shoppen.

Wissenswertes über
Amsterdam

Nützliche Informationen für einen gelungenen
Aufenthalt: Fakten über Land, Leute und Geschichte
sowie Reisepraktisches von A bis Z.

Auf einen Blick

Mehr erfahren über Amsterdam – Informationen über Land und Leute, von Bevölkerung über Politik und Religion bis Sprache.

AMTSSPRACHE: Niederländisch
BEVÖLKERUNG: 49,7% Niederländer, 50,3% sind Angehörige ethnischer Minderheiten
EINWOHNER: 783 000
FLÄCHE: 219 qkm, das historische Stadtzentrum umfasst 8 qkm mit 81 000 Einwohnern
INTERNET: www.iamsterdam.com
RELIGION: Konfessionslose 56%, Christen 17%, Muslime 14%
VERWALTUNG: 7 Stadtbezirke
WÄHRUNG: Euro

Bevölkerung

Amsterdam, die Hauptstadt des Königreichs der Niederlande, wurde um 1210 von Fischern gegründet, erhielt 1300 die Stadtrechte und ist heute die größte Stadt des Landes. Seit ihrer Gründung war die wichtigste Stadt Hollands ein Ziel für Immigranten und exportierte die Mehrheitskultur von protestantischem Arbeitsethos und calvinistischem Erfolgswillen in seine Kolonien. Der Magistrat förderte die Ansiedlung. Waren es vom Ende des 16. bis zur ersten Hälfte des 20. Jh. Flamen, französische Hugenotten, Juden oder Deutsche, so kamen nach dem Zweiten Weltkrieg aus den unabhängig gewordenen Kolonien Indonesien, »Ons Indië« genannt, Surinam oder die zum Königreich gehörenden Antillen, jene Menschen, die hier eine Zukunft sahen. Stets

◀ Blick vom Turm der Westerkerk
(▶ S. 71) auf das Szeneviertel Jordaan.

profitierte der Handel vom Pragmatismus, und die Toleranz hatte stets einen wirtschaftlichen Hintergrund. In den letzten zwei bis drei Jahrzehnten spülte die Weltpolitik Zuwanderer aus dem Maghreb, vor allem Marokkaner, aus Afrika, Osteuropa und Asien in die Stadt.

Heute leben hier 783 000 Menschen aus 178 Nationen. Etwa jeder zweite Einwohner hat nichteuropäische Wurzeln, und der häufigste männliche Vorname ist Mohammed. Nicht unerhebliche Probleme gibt es mit der marokkanischen Bevölkerungsgruppe, vor allem die zweite und dritte Generation tut sich schwer mit der Eingliederung in die Gesellschaft. Der rituelle Mord an dem Filmemacher Theo van Gogh 2004, verübt von einem Amsterdamer marokkanischer Herkunft, hat das Selbstbild von einer multiethnischen Stadt bis heute beschädigt.

Lage und Geografie

Die Stadt ist Teil des größten Ballungszentrums der Niederlande, der »Randstad Holland«, und steht auf rund fünf Millionen Baumstämmen, die aus dem Schwarzwald oder von der Ostseeküste hierher geflößt wurden. Die Grachten sind Tiefbauarbeiten aus dem 16. und 17. Jh. und dienten sowohl der Entwässerung und Erschließung von Baugrund als auch dem Transport per Boot. Der morastige Untergrund stellt auch die Ingenieure der neuen Metro vor Probleme, die den Bau immer wieder verzögern. Die Innenstadt liegt 2,1 m und der Flughafen Schiphol etwa 5 m unter dem Meeresspiegel.

Politik und Verwaltung

Die Hauptstadt besteht aus 14 Stadtteilen mit eigenem Stadtrat und Stadtteilbürgermeistern. Da dies oft zu grotesken Entscheidungen und viel Bürokratie führt, wird es in Zukunft nur noch sieben Stadtteile geben. Die Gesamtstadt wird seit den 1950er-Jahren von sozialdemokratischen Bürgermeistern regiert. Der Bürgermeister wird nicht von der Bevölkerung gewählt, sondern nach einem ausgeklügelten Proporzsystem von den politischen Parteien der Königin vorgeschlagen. Er wird dann von der Krone – Regierung und Königin – für sechs Jahre ernannt. Amsterdam wird von einer rot-grünen Koalition regiert.

Religion

Amsterdam ist die säkularisierteste Stadt des Landes, Tendenz steigend. Etwa 31% seiner Bewohner nennen sich zwar noch religiös, gehen aber immer seltener in die Kirche oder Moschee. 2011 besuchte nur noch jeder vierte Muslim wöchentlich die Moschee, unter den Christen sind die Calvinisten die eifrigsten Kirchgänger. Nach den Christen, von denen die katholische Kirche noch am stärksten vertreten ist, ist der Islam die zweite Religion, mit einigem Abstand folgen Juden, Buddhisten und Hindus. Großen Zulauf verbuchen die sogenannten Immigrantenkirchen und die Pfingstgemeinden.

Sprache

Außer ihrer Muttersprache, dem Niederländischen, ist die zweite Umgangssprache Englisch. Spanisch gilt als dritte Sprache. Deutsch, einst die zweite Sprache, wird heute selten oder ungern gesprochen.

Geschichte

1275

Floris V., Graf von Holland, gewährt den »Leuten, die zu Amestelledamme wohnen«, Zollfreiheit in seinem Gau und dokumentiert erstmals die Existenz des nach einem Damm in der Mündung der Amstel benannten Orts.

1323

Amsterdam wird Zoll- und Stapelplatz für Hamburger Importbier.

1395

Am Dam, wo der »Bijenkorf« steht, bauen die Amsterdamer ihr erstes Rathaus. Es brennt 1652 ab und wird durch den prunkvollen Neubau ersetzt, den König Louis Napoleon 1810, bei der Ausrufung Amsterdams zur Hauptstadt der Niederlande, als Schloss requiriert.

1421

Ein Feuer vernichtet Amsterdam; Wiederaufbau innerhalb von vier Jahren.

1489

Maximilian I., Kaiser des Heiligen Römischen Reiches Deutscher Nation, wird nach einer Wallfahrt zu einer Mirakelhostie in der Kalverstraat geheilt und setzt zum Dank dem Stadtwappen die Kaiserkrone auf.

1585

Die südlichen Niederlande sind wieder fest in der Hand des Königs. Niederländische Truppen blockieren die Scheldemündung und verhindern damit, dass Schiffe Antwerpen, anlaufen können, den bis dahin größten Hafen Westeuropas. Viele flämische und jüdische Händler siedeln nach Amsterdam um.

1595

Amsterdamer Kaufleute finanzieren den ersten »Ostindienfahrer« unter Cornelis de Houtman. Damit beginnt der Überseehandel, der die Stadt im 17. Jh. erblühen und reich werden lässt.

1602

Gründung der VOC (Vereenigde Oost-Indische Compagnie), an der die Stadt mit mehr als 50 % beteiligt ist. Gleichzeitig beginnen Termingeschäfte mit Effekten (»Portionen«), zunächst auf der Warmoesstraat. 1611 lassen die Kaufleute eine Börsenhalle bauen. Die großen Gewinne, die aus den Südostasiengeschäften erwirtschaftet werden, führen 1622 zur Gründung einer zweiten Handelsgesellschaft, der Vereenigde West-Indische Compagnie, die Amerika und die Karibik ansteuert.

1614

Niederländische Kolonisten, die sich selbst noch »Duytschers« nennen, überwintern auf Manhattan und leiten damit die Gründung von Nieuw Amsterdam ein (ab 1653 Hauptstadt der Provinz Nieuw Nederland). 1664 erobern Engländer unter dem Herzog von York die Stadt, behalten sie vertraglich im Tausch gegen Suriname und ändern den Namen in New York.

1631

Der Maler Rembrandt aus Leiden kommt nach Amsterdam. 1642 vollendet er »Die Nachtwache«.

1695

Fast 4000 Seeschiffe laufen Amsterdam an. Die Stadt handelt mit 625 ausländischen Häfen und zählt inzwischen 250 000 Einwohner.

1780

Mit dem Ausbruch des Vierten Englischen Kriegs geht das »Goldene Zeitalter« von Amsterdam zu Ende.

1795

Nachdem Frankreich den Niederlanden 1793 den Krieg erklärt hatte, besetzen französische Truppen das Land. Am 19. Januar kommt es in Amsterdam zum republikanischen Umsturz.

1810

König Louis Napoleon erhebt Amsterdam zur Hauptstadt der Niederlande.

1814

Prinz Friedrich Wilhelm von Oranien Nassau wird von 474 Honoratioren des befreiten Landes in der Nieuwe Kerk als Souveräner Fürst gehuldigt; er wird im Folgejahr zum König ausgerufen.

1914–1918

Die Niederlande bleiben im Ersten Weltkrieg neutral.

1940–1945

Am 15. Mai 1940 besetzen deutsche Truppen die Stadt. Der erste Streik in den besetzten Gebieten findet im Februar 1941 statt – aus Protest gegen die Behandlung jüdischer Mitbürger.

1966

Am Hochzeitstag von Beatrix der Niederlande und Claus von Amsberg kommt es zu Tumulten.

1980

Die aufwendige Inthronisierung von Königin Beatrix wird von heftigen Protesten begleitet.

2001

Einweihung eines Denkmals zur Erinnerung an den rund 250 Jahre währenden holländischen Sklavenhandel.

2002

Der Thronfolger Willem-Alexander heiratet die bürgerliche Argentinierin Máxima Zorriguieta in der Nieuwe Kerk.

2004

Der Mord an Regisseur Theo van Gogh führt in der niederländischen Bevölkerung zum »emotionalen Schock«. Seitdem ist vom «multikulturellen Drama« die Rede.

2005

Größtes Prestigeobjekt ist der Metrobau durchs Zentrum.

2008

Am Het Ij entsteht ein neuer Stadtteil. Die Wallen, das bekannte Rotlichtviertel, wird restauriert und entkriminalisiert.

2009

Der Metrobau wird zum Skandal, nachdem mehrere Häuser vom Einsturz bedroht sind, die Fertigstellung ist auf 2017 verschoben.

2010

Der Grachtengürtel wird zum UNESCO-Welterbe ernannt.

Sprachführer Niederländisch

Wichtige Wörter und Ausdrücke

ja – ja
nein – nee
bitte – alstublieft
danke – bedankt/dank u wel
und – en
Wie bitte? – Wat zegt U?
Ich verstehe nicht – Ik begrijp niet
Entschuldigung – Sorry/pardon?/
  Neemt U me niet kwalijk
Guten Morgen – Goedemorgen
Guten Tag – Goedemiddag/Dag
Guten Abend – Goedenavond
Gute Nacht – Goedenacht
Hallo – Hallo/hoi/Dag
Ich heiße ... – Mijn naam is ...
Ich komme aus ... – Ik kom van ...
Wie geht es Ihnen/Dir? – Hoe gaat
  het met U/jou?
Danke, gut – Dank U wel
Wer, was, welcher – Wie, wat, welke
wie viel – hoeveel
Wo ist ... – Waar is ...
Wann – Wanneer
Wie lange – Hoe lang
stündlich – elk uur
täglich – dagelijks
Ich möchte gern – Ik zou graag ...?
  Ik wil
Wie viel kostet das? – Hoeveel kost
  dat?
Wie weit ist es nach ...? – Hoe ver is
  het naar ...?
Geht es hier nach ...? – Is dit de weg
  naar ...?
Warum? – Waarom?
Sprechen Sie Deutsch? – Spreekt U
  Duits?
Ich verstehe Sie nicht – Ik begrijp U
  niet
Auf Wiedersehen – Tot ziens
Wie wird das Wetter? – Wat voor
  weer wordt het vandaag?

heute – vandaag
morgen – morgen

Zahlen und Wochentage

eins – een
zwei – twee
drei – drie
vier – vier
fünf – vijf
sechs – zes
sieben – zeven
acht – acht
neun – negen
zehn – tien
einhundert – honderd

Montag – Maandag
Dienstag – Dinsdag
Mittwoch – Woensdag
Donnerstag – Donderdag
Freitag – Vrijdag
Samstag – Zaterdag
Sonntag – Zondag

Unterwegs

Wo ist ... – Waar is ...
– die nächste Werkstatt – in de
  buurt een garage
– der Bahnhof/Busbahnhof – de
  centraal station/busstation
– die nächste U-Bahn – metro/
  ondergrondse
– der Flughafen – luchthaven/
  vliegveld
– die Touristeninformation – VVV
– die nächste Bank – een bank/
  postbank
– die nächste Tankstelle – pomp-
  station
Ich möchte – Ik wil graag .../Ik zou
  graag ...
Gern geschehen – Geen dank/
  graag gedaan
Wissen Sie ...? – Weet U ...?

Haben Sie ...? – Heeft U ...?

Darf ich ...? – Mag ik ...?

Vielen Dank für Ihre Hilfe – Hartelijk dank voor U hulp

Das tut mir leid – Dat spijt me

Was bedeutet das? – Wat betekent dat?

Das wäre nett – Dat is aardig

vielleicht – misschien

Wo finde ich einen Arzt/eine Apotheke? – Waar vind ik doktor/arts/apotheek?

Normalbenzin – gewone Benzin

Super – Super

Diesel – Diesel

rechts – rechts

links – links

geradeaus – rechtdoor

Ich möchte ein Auto/ein Fahrrad mieten – Ik ben van plan, een wagen/fiets te huren

Wir hatten einen Unfall – Wij haden pech/een ongeluk

Eine Fahrkarte nach ... bitte – Een ticket naar ... alstublieft

Übernachten

Ich suche ein Hotel – Ik zoek een hotel

Haben Sie ein Zimmer/Doppelzimmer frei – Heeft U een kamer/een tweepersoonskamer vrij

– für eine Nacht – voor een nacht

– zwei Nächte – voor twee nachten

– für eine Woche – voor een week

Ich habe ein Zimmer reserviert – Ik heb een kamer gereserveerd

Wie viel kostet das Zimmer? – Hoeveel kost logies?

– mit Frühstück? – met ontbijt?

– mit Halbpension? – met halfpension?

Kann ich das Zimmer sehen? – Mag ik de kamer zien?

Ich nehme das Zimmer – Ik neem de kamer

Kann ich mit Kreditkarte zahlen? – Akzepteert U creditcards?

Essen und Trinken

Die Speisekarte, bitte – Mogen wij de kaart, alstublieft?

Die Rechnung – De rekening

Bitte, alles zusammen – Alles bij elkaar

Getrennte Rechnungen, bitte – Aparte rekeningen, alstublieft

Wir hätten gern einen Kaffee/ein Bier/Wasser – Wij willen graag een kopje koffie/een pilsje/glas water

Reservieren Sie bitte einen Tisch für vier Personen – Wilt U voor vanavond een tafel voor vier personen reserveren

Ist dieser Platz noch frei? – Is deze plaats nog vrij?

Guten Appetit – Eet smakelijk/smakelijk eten

Wo ist die Toilette? – Waar is de W.C.?

Darf ich rauchen? – Mag ik roken?

Kellner – Ober

Frühstück – Ontbijt

Mittagessen – Lunch

Abendessen – Diner/avondeten

Einkaufen

Wo gibt es ...? – Waar is hier ...?

Haben Sie ...? – Heeft U ...?

Wie viel kostet das? – Hoeveel kost dat?

Das ist zu teuer – Dat is te duur

Ich möchte gern 100 Gramm/ein Pfund/Kilo – Ik wil graag een ons, een pond/kilo

Danke, das ist alles – Dat is genoeg, dank U wel

Ich hätte gern Briefmarken für eine Postkarte/Brief nach Deutschland/Österreich/in die Schweiz – Ik wil graag postzegels voor een briefkaart/een brief naar Duitsland/Oostenrijk/Zwitserland

Kulinarisches Lexikon

A

aborre – Barsch
aalbes – Johannisbeeren
aardappelen – Kartoffeln
aardbeien – Erdbeeren
aperitief – Aperitif
appelsap – Apfelsaft
asperges – Spargel
azijn – Essig

B

banket – Kuchen
beschuit – Zwieback
biefstuk – Beefsteak
bier, pilsje – Bier
– van de tap – vom Fass
bloemkool – Blumenkohl
boerenkool (bu-) – Grünkohl
bord – Teller
borrel, genever – Genever
borrelhappjes – Wurst, Käse zum
   Drink
borreltijd – Drink nach
   Feierabend
boter – Butter
boterham – Brotscheibe
bramen – Brombeeren
bronwater – Mineralwasser
brood – Brot
Brussels lof – Chicorée

C

chokolademelk – Kakao
coffie met/zonder suiker/melk –
   Kaffee mit/ohne Zucker/Milch

D

dagschotel – Tagesgericht
deegwaren – Teigwaren
diner – (abendl.) Hauptmahlzeit
doorbakken – durchgebraten
drank/drankje – Getränk
druiven – Trauben

E

eend – Ente
erwten – Erbsen

F

forel – Forelle
frambozen – Himbeere
fruit – Obst

G

garnalen – Garnelen
gebak – Kuchen
gehak – Gehacktes
gevogelte – Geflügel
groenten (chruhnten) – Gemüse

H

haantjes – Hähnchen
ham – Schinken
haring – Hering
hoofdgerecht – Hauptgericht

J

jam – Marmelade

K

kaas – Käse
kabeljouw – Kabeljau
kalfsvlees – Kalbfleisch
kalkoen (kalkuhn) – Puter
karbonade – Kotelett
kersen – Kirschen
kip – Huhn
knoflook – Knoblauch
koekjes – Kekse
koffie – Kaffee
komkommer – Gurke
konijntje – Kaninchen
kop – Tasse

L

lamsvlees – Lammfleisch
lepel – Löffel

lever – Leber
lof – Chicorée
lunch – Mittagessen

M
makreel – Makrele
mes – Messer
middageten – Mittagessen
mosselen – Muscheln
mostard – Senf

O
oester – Auster
olie – Öl
onbijt – Frühstück
ossehaas – Filetsteak

P
paling – Aal
pannekoeken – Pfannkuchen
patat – Kartoffeln, Fritten
peer – Birne
perzik – Pfirsich
prei – Lauch
pruimen – Pflaumen

R
ribstuck – Rippchen
rijst – Reis
room – Sahne
roomboter – Butter
rundvlees (ründflees) – Rindfleisch

S
sap – Saft
saus – Sauce
schapevlees – Schafsfleisch
schelvis – Schellfisch
schol – Scholle
servet – Serviette
sinaasappel – Apfelsine
sla – Salat
slagroom – Schlagsahne
snoek – Hecht
snoekbaars – Zander

soep (sup) – Suppe
spa – Mineralwasser
sperziebonen – grüne Bohnen
spruitjes – Rosenkohl
stampot – Eintopfgericht

T
taart – Torte
tafel – Tisch
tarbot – Steinbutt
thee – Tee
toetje/dessert – Nachtisch
tong – Seezunge
tonijn – Thunfisch

U
uien (euen) – Zwiebeln
uitsmijter – strammer Max

V
varkensvlees – Schweine-
  fleisch
venkel – Fenchel
vis (fiss) – Fisch
vlees – Fleisch
voorgerecht – Vorspeise
vork – Gabel
vruchten – Obst

W
water – Wasser
wijn – Wein
wild – Wild
witlof – Chicorée
worst – Wurst
worteltjes – Karotten

Z
zalm – Lachs
zeeduivel – Seeteufel
zeetong (see-) – Seezunge
zoet – süß
zout – Salz
zuurkool (sühr-) – Sauerkraut
zure room – saure Sahne

Reisepraktisches von A–Z

ANREISE

MIT DEM AUTO

Vier Autobahnen führen auf die Umgehungsautobahn A 10. Staus, enge Straßen und Parkplatznot können den Spaß am Autofahren im Zentrum verderben.

Parken

Preiswert parken am Stadtrand kann man im »Transferium« an der A 2/E 25 bei der AmsterdamArena, Ausfahrt »Transferium«; Anfahrt über A 10, Ausfahrt S 108 oder S 103. Weitere günstige P+R-Parkmöglichkeiten: Olympisch Stadion (A 10, Ausfahrt S 108, Tram 16, 24); Zeeburg (A 10, S 114; Tram 26, Bus 37, 245); Sloterdijk (A 10, S 102; Metro 50, Tram 12). Im Tagestarif von 8 € sind zwei Metrofahrscheine ins Zentrum enthalten. Max. Parkzeit 96 Stunden. Viele Hotels verkaufen auch Touristenparkscheine. Auch hier gilt, je weiter man vom Centrum entfernt übernachtet, umso preiswerter wird das Parken. Ein Tag im Centrum kostet ab 34 €, in den Außenbezirken ab 20 €. Nach der Ankunft sollte der Wagen besser in der Garage bleiben, das schont die Nerven.

Im gesamten Zentrum muss für das Parken gezahlt werden. Mo–Sa 9–24, So 12–24 Uhr: 4–5 € pro Stunde. Aus den blauen Parkautomaten mit dem »P« (an Münzen denken) zieht man den Parkschein. Wer ohne gültigen Parkschein erwischt wird, bekommt eine Parkkralle verpasst. Wer so ein Ding erhalten hat, geht zur nächsten Dienststelle der Parkpolizei (steht auf dem Strafzettel beschrieben) und zahlt ca. 70 € bar oder mit Kreditkarte.

Parkhäuser gibt es u. a. im Warenhaus Bijenkorf, am Leidseplein und Heinekenplein, im Musiktheater (Waterlooplein), in der Marnixstraat 250 (Europarking) und am Hauptbahnhof (Anlegestelle der Lovers-Rundfahrtboote); Tagestarif ab 48–60 €, Stundentarif ab 4,20 €.

Alles Wissenswerte mit praktischer P+R-Übersichtskarte steht in dem Prospekt »Einfach nach Amsterdam«, erhältlich beim Verkehrsamt, oder im Internet unter www.toamsterdam.nl (nur auf Englisch).

Rechtsverkehr hat Vorfahrt. Diese Regel gilt auch für Radfahrer, Mopeds, Reiter, Behindertenfahrzeuge, Pferdekarren, nicht aber für Fußgänger, Inlineskater oder Rollerfahrer – und zwar immer dann, wenn die Vorfahrt an gleichrangigen Straßenkreuzungen und Einmündungen nicht durch Ampeln oder Vorfahrtsschilder geregelt ist. Besondere Vorsicht ist an den Grachtenstraßen geboten. Die Alkoholgrenze liegt bei 0,5 Promille, es besteht Anschnallpflicht. Sicherheitsabstand zu Radfahrern beachten.

MIT DER BAHN

Direktverbindungen bestehen nach Berlin (IC etwa 6 Stunden), Köln, Frankfurt (ICE 4 Stunden) und Basel (ICE 7 Stunden), Nachtzüge fahren von Berlin, München und Wien nach Amsterdam.
www.bahn.de

MIT DEM FLUGZEUG

Der Flughafen Amsterdam-Schiphol wird mehrmals täglich von allen größeren deutschen, österreichischen und Schweizer Fluglinien angeflogen. Etwa alle 15 Minuten fahren Züge nach Amsterdam C (Centraal Station), Fahrzeit: 16 Minuten. Taxis kosten 45–55 €, Fahrzeit etwa 30–45 Minuten.

Auf www.atmosfair.de und www.myclimate.org kann jeder Reisende durch eine Spende für Klimaschutzprojekte für die CO_2-Emission seines Fluges aufkommen.

AUSKUNFT

FÜR DEUTSCHLAND, ÖSTERREICH UND DIE SCHWEIZ

Niederländisches Büro für Tourismus (NBT)

Postfach 27 05 80, 50511 Köln • Tel. 00 49/02 21/9 25 71 70 • www.niederlande.de • Mo–Fr 10–13 und 15–17 Uhr

IN AMSTERDAM
ALLGEMEINE AUSKÜNFTE

Amsterdam Toerisme & Congres Bureau (ATCB)

www.iamsterdam.com und www.atcb.nl • Tel. 00 31/20/2 01 88 00 • Mo–Fr 9–17 Uhr
Stadtbüros:
– Hollands Koffiehuis • Stationsplein 10, gegenüber Centraal Station • Mo–Sa 9–18, So 9–17 Uhr
– Museumsplein (gegenüber Rijksmuseum, Philipsflügel) • Paulus Potterstraat 8
– Kiosk Leidseplein an der Stadhouderskade
– Schiphol Airport • Holland Tourist Information • Aankomsthal 2 (Ankunftshalle 2) • tgl. 7–22 Uhr

HOTELBUCHUNGEN

Amsterdam Reservation Center (ARC)

Tel. 00 31/20/5 51 25 25 • reservations@atcb.nl

VERANSTALTUNGEN
Amsterdams Uitburo (AUB)

▶ S. 117, E 9

Karten für viele kulturelle Veranstaltungen. Zahlreiche Events sind oft frühzeitig ausverkauft. Mit Glück bekommt man Karten kurzfristig im Uitburo (▶ siehe auch S. 106). Leidseplein 26 (Stadttheater) • Tel. 7 95 99 50 • www.amsterdams uitburo.nl • Mo–Fr 10–19.30, Sa 10–18, So 12–18 Uhr

BUCHTIPPS

Siggi Weidemann: Gebrauchsanweisung für Amsterdam (Piper, 2010) Um das Buch von Siggi Weidemann – seit Jahren mit Amsterdam verbunden und langjähriger SZ-Korrespondent – kommt man kaum herum, wenn man hinter die Kulissen blicken möchte: Besuch bei einem Amsterdamer, der einen echten Rembrandt daheim hängen hat; die Magie des berühmten Grachtengürtels; die ethnische Vielfalt, und dass die Stadt auch eine dunkle Seite hat: Kolonialismus und Sklavenhandel.
Geert Mak: Amsterdam (btb, 2006) Amsterdamer Stadtgeschichte in mehrere facettenreiche Biografien verpackt.
Janwillem van de Wetering: Die Katze von Brigadier de Gier, Outsider in Amsterdam u. a. (Rowohlt) Lesenswerte Kriminalstorys aus dem Amsterdam der Sechzigerjahre.
Außerdem ist zu Amsterdam ein **MERIAN Magazin** im Handel erhältlich (TRAVEL HOUSE MEDIA, 2012).

CITY CARD

Die City Card ist für 24, 48 und 72 Stunden erhältlich und beinhaltet die Nutzung der öffentlichen Ver-

kehrsmittel, Eintritt zu vielen Museen und Sehenswürdigkeiten sowie diverse andere Vergünstigungen. Sie ist online erhältlich oder bei einer der zahlreichen Verkaufsstellen (z.B. Centraal Station, Flughafen Schiphol, Museumplein).
www.iamsterdam.com • 24 Std. 40 €, 48 Std. 50 €, 72 Std. 60 €

DIPLOMATISCHE VERTRETUNGEN

Deutsches Konsulat ▶ S. 117, E 10

Honthorststraat 36–38, Amsterdam • Tel. 5 74 77 00

Österreichisches Generalkonsulat ▶ S. 118, südwestl. A 16

De Boelelaan 7, Amsterdam • Tel. 4 71 24 38

Schweizerisches Konsulat
▶ S. 116, C 11

De Lairessestraat 97 • Amsterdam • Tel. 7 17 34 16

FEIERTAGE

1. Jan. Neujahr
Ostersonntag
Ostermontag
30. April Königinnentag
4. Mai Totengedenktag
5. Mai Befreiungsfest
Himmelfahrt
Pfingstmontag
25. Dez. Erster Weihnachtstag
26. Dez. Zweiter Weihnachtstag

GELD

Sperr-Notruf bei Verlust der Kreditkarte/EC-Karte: 00 49/11 61 16. Die gängigen **Kreditkarten** (American Express, Diners, Master, Visa) werden von Autovermietern, Hotels, Restaurants und allen großen Kaufhäusern akzeptiert. In Supermärkten und Geschäften wird auf 5 Cent auf- oder abgerundet, z.B. 2,98 € sind 3 €, 4,52 € sind 4,50 €.

GESCHÄFTSZEITEN

Die Öffnungszeiten sind nicht einheitlich, üblich sind aber 9–18 Uhr, donnerstags bis 21, samstags bis 17, montags 10–18 Uhr. Restaurants schließen meist gegen 23 Uhr, die Küchen eine Stunde früher. Gasthäuser, Kneipen und Cafés haben gewöhnlich bis 1 oder 2 Uhr morgens geöffnet, in den Nachtcafés geht es in der Regel von 20 bis 2 oder 5 Uhr rund. Im Zentrum haben Läden und Warenhäuser auch So 12–18 Uhr geöffnet, größere Supermärkte Mo–Sa 8–21, So 12–20 Uhr.

IDENTITÄTSPFLICHT

Seit dem 1. Januar 2005 muss sich jede Person ab 14 Jahren ausweisen können. Zu den akzeptierten Papieren zählen Pass, Führerschein, Identitäts- oder Ausländerkarte. Mit der Ausweispflicht soll der Kampf gegen Terrorismus, Menschenhandel und Kriminalität erleichtert werden. Jeder ist verpflichtet, sich bei Kontrollen auszuweisen, auch in Cafés oder als Zeuge einer Straftat. Wird man ohne gültige Papiere erwischt, drohen 50 € Bußgeld.

INTERNET

www.amsterdamuitburo.nl
Umfassender Wegweiser durch die täglich etwa 40 Theater-, Musik-, Ballett- oder Konzertveranstaltungen. Infos sowie Reservierungen:
www.museumserver.nl
Aktuelle Ausstellungen, Museen.
www.dinersite.nl
Sachkundige Infos und Beurteilungen von Gästen über trendige und klassische Restaurants.

NEBENKOSTEN

1 Espresso . . . . .2,00 €
1 Bier .2,40 €
1 Cola .2,20 €
1 Brot (ca. 500 g) . . . . .1,90 €
1 Schachtel Zigaretten . . . . . . .5,50 €
1 Liter Normalbenzin . . . . .1,75 €
Öffentl. Verkehrsmittel
(Einzelfahrt) . . . . .2,60 €
Mietwagen/Tag . . . . .ab 45,00 €

INTERNETCAFÉS

Internetcafés findet man ganz leicht
unter www.worldofinternetcafes.de.

Biba   ▸ S. 114, A 7
Haringpakkersteeg 9 (1. Gasse vom
Damrak) • Tel. 4 21 46 70

Freeworld Café   ▸ S. 113, F 2
Nieuwendijk 30 • Tel. 6 20 09 02
(Coffeeshop nähe Hauptbahnhof)

KRIMINALITÄT

Die Innenstadt ist ein beliebtes
Operationsfeld von Taschendieben.
Wertvolle Dinge sollten eng am Kör-
per getragen werden. An der Hotel-
rezeption sollte man besser keine
Taschen auf den Boden stellen und
keine einladenden Dinge im Auto
lassen. Taschendiebe sind v.a. in
Schiphol-Zügen und in Trambah-
nen der Linien 1, 2 und 5 unterwegs.

MEDIZINISCHE VERSORGUNG
KRANKENVERSICHERUNG

Die Vorlage einer Europäischen
Krankenversicherungskarte (EHIC)
ist ausreichend. Als zusätzlicher Ver-
sicherungsschutz empfiehlt sich der
Abschluss einer Auslandskranken-
versicherung, da diese Krankenrück-
transporte mitversichert.

KRANKENHAUS
Onze Lieve Vrouwe Gasthuis

▸ S. 114, C 14
Oosterpark 9 • Tram: Beukenweg (d 4) •
Tel. 5 99 91 11

APOTHEKEN
Dam Apotheke   ▸ S. 113, F 3
Damstraat 2 • Tram: Dam (c 2) • Tel.
6 24 43 21 • Mo–Fr. 8.30–17.30,
Sa 10–17, So 12–17 Uhr

Het Witte Kruis   ▸ S. 113, D 3
Rozengracht 57 • Tram: Westermarkt
(b 2) • Tel. 6 23 10 51 • Mo–Fr 8.30–
18 Uhr

NOTRUF
Euronotruf Tel. 112
(Polizei, Feuerwehr, Rettungsdienst)
Polizei (allgemein)
Tel. 09 00/88 44
**Zentraler Medizinischer Service
(Ärzte, Zahnärzte, Apotheken)**
Tel. 09 00/50 32 04 • 5 92 34 34
Polizeipräsidium
Elandsgracht • Tel. 5 59 91 11
Drogen-Info
Kruispost, OZ Voorburgwal 129
(Rotlichtviertel) • Tel. 09 00/19 95

POST

Die Briefkästen in Amsterdam sind –
natürlich – orange. Briefmarken erhält man in vielen Tabakläden und in
den Postfilialen. Eine Postkarte nach
Deutschland, Österreich und in die
Schweiz kostet 0,85 €.

Hauptpostamt   ▸ S. 113, E 3
Singel 250–256 • Tel. 5 56 33 11 •
Mo–Fr 7.30–18.30, Sa 7.30–
17.30 Uhr
Es gibt kein Postamt im Hauptbahn-
hof. Die Post erkennt man an der
Abkürzung TNT.

Mittelwerte	JAN	FEB	MÄR	APR	MAI	JUN	JUL	AUG	SEP	OKT	NOV	DEZ
Tages-temperatur	5	5	9	13	17	20	22	22	19	14	9	6
Nacht-temperatur	1	1	3	6	9	12	15	15	12	8	5	2
Sonnen-stunden	2	3	4	6	7	7	6	6	5	3	2	1
Regentage pro Monat	14	11	9	9	9	9	11	11	12	12	14	13

REISEDOKUMENTE

Deutsche, Österreicher und Schweizer können mit einem gültigen Reisepass oder Personalausweis (Identitätskarte) einreisen. Kinder unter 16 Jahren müssen im Pass eines Elternteils eingetragen sein oder benötigen einen Kinderausweis.

REISEKNIGGE

Einiges sollte schon bei der Ankunft beachtet werden, damit der Besuch an den Grachten nicht getrübt wird. Bereits am Bahnhof oder auf dem Flughafen wird vor Taschendieben gewarnt. Besonders risikoreich sind auch die Züge von Schiphol nach Amsterdam, Einkaufsstraßen und manche Restaurants.

Es lohnt sich meist nicht, mit dem Auto am Samstag oder am Sonntagmittag ins Zentrum zu fahren. Die Geschäfte sind geöffnet, und es geht nur ruckweise voran.

Bei der Post und in manchen Geschäften muss eine Nummer gezogen werden. Wer sich vordrängelt – das gilt auch für Verkehrsmittel –, macht sich schnell unbeliebt. Auch in Restaurants muss man warten, bis man zum Tisch geführt wird. Aus Respekt vor den Frauen im Rotlichtviertel sollte man darauf verzichten, sie zu fotografieren. Jemanden auf Deutsch anzusprechen, gilt als unhöflich, Englisch versteht hingegen fast jeder. Einige Worte Niederländisch bewirken oft kleine Wunder.

REISEWETTER

Das gemäßigte Seeklima Amsterdams weist Ähnlichkeit mit dem deutscher Städte in vergleichbarer Lage auf. Die Wintermonate sind relativ mild, aber oft verregnet. Im Sommer steigen die Temperaturen im Durchschnitt selten über 27 °C. Am schönsten sind Amsterdam und Umgebung im Mai, Juni und August, mit angenehmen Temperaturen, viel Sonne und verhältnismäßig wenig Regen. Ostern, zur Zeit der Blumenblüte, Pfingsten, zwischen Juni und September sowie an Weihnachten und Silvester/Neujahr hat Amsterdam Hochsaison.

RUNDFAHRTEN

Canal Bus

Grachtenbusse sind nicht so bequem wie Museumsboote, pendeln aber nach demselben Prinzip zwischen Centraal Station und Rijksmuseum. Tel. 6 23 98 86 • www.canal.nl • Tageskarte 20 € (ohne Museum)

Grachtenrundfahrten

Die Standard-Tour mit Informationen vom Bordcomputer dauert ca. 1 Std. (10 €). Im Angebot sind auch

Dinner Cruises (70 €) und Candle Light Cruises (30 €). Abfahrt Centraal Station, Rokin und Dam. www.amsterdamcitytours.com

Museum Line   ▶ S. 114, A 6

Mit den Rundfahrtbooten der Museumslinie erreicht man bequem alle wichtigen Museen. Zwei Routen: North/South Line (Abfahrt: gegenüber Centraal Station, Westseite) und Golden Age Line (Abfahrt: Smit's Koffiehuis). Die Boote fahren nach Fahrplan ab 10 Uhr. Tagesticket 20 €, Kinder 10 €. Tel. 5 30 54 12 • www.lovers.nl

Tretboote

Zwei Personen 2 Std. 14 €, 50 € Kaution. Stationen: Westerkerk 1 (Anne-Frank-Haus), Stadhouderskade (gegenüber Rijksmuseum) und Keizersgracht/Ecke Leidsestraat. tgl. 10–18, im Sommer bis 22 Uhr

Wassertaxi   ▶ S. 114, A 6

1/2 Std. 60 € (bis max. 8 Personen), jede weitere 1/2 Std. 40 €. Unbedingt reservieren! Stationsplein 8 • Tel. 5 35 63 63

STADTSPAZIERGÄNGE

Wer von Einheimischen geführt werden möchte, kann unter mehreren Anbietern wählen, etwa **Mokum** (www.mokumevents.nl), **De Gilde** (www.gildeamsterdam.nl, Tel. 6 25 44 50) oder dem Verkehrsamt.

TELEFON
VORWAHLEN

D, A, CH ▶ Niederlande 00 31
Niederlande ▶ D 00 49
Niederlande ▶ A 00 43
Niederlande ▶ CH 00 41
Amsterdam ▶ 0 20

Telefonzellen können nur mit einer »telecard« genutzt werden, die man bei der Post, in Zeitungsläden und beim Verkehrsamt erhält.

TIERE

Hunde und Katzen benötigen zur Einreise einen EU-Heimtierausweis (stellt der Tierarzt aus) mit dem Nachweis einer Tollwutimpfung. Das Tier muss durch einen Mikrochip identifizierbar sein.

TRINKGELD

Die Höhe des Trinkgelds liegt im eigenen Ermessen, die Bedienungen und Taxifahrer erwarten bis zu 10 %.

VERKEHR
FAHRRÄDER

Fahrradmiete kostet ab 9,50 € pro Tag (plus 50–150 € Kaution bzw. Kreditkarte) bei Holland Rent A Bike (Damrak 247, Tel. 6 22 32 07) oder Bike City (Bloemgracht 68, Tel. 6 26 37 21, tgl. 9–18 Uhr). Günstig: Fréderic, Brouwersgracht 78 (Bahnhofsnähe, Tel. 6 24 55 09, www.frederic.com, tgl. 9–17.30 Uhr). Durch das historische Zentrum zu radeln, ist wenig sinnvoll, da man zu sehr auf den Verkehr achten muss. Touristen sollten stadterfahrene Radler sein, wenn sie ein Fahrrad leihen, da die Unfallquote extrem hoch ist. Amsterdamer mögen auch keine Touristen auf dem Fiets. Reizvoll sind Radtouren zu den westlichen und östlichen Inseln oder ins Waterland über Schellingwoude nach Zunderdorp und Broek in Waterland.

FIETSTAXI

Im Zentrum findet man auch Fahrradtaxis (Fietstaxi). www.fietstaxiamsterdam.nl

MIETWAGEN

Avis ▸ S. 117, D 9
Nassaukade 380 • Tel. 4 89 79 21
Budget ▸ S. 117, D 9
Overtoom 121 • Tel. 09 00/15 76
Hertz ▸ S. 116, B 9
Overtoom 333 • Tel. 6 12 24 41

ÖFFENTLICHE VERKEHRSMITTEL
GVB (Städtische Verkehrs-betriebe) ▸ S. 114, A 6

Straßenbahnen (Trams) sind die besten Verkehrsmittel, wer die Außenbezirke erreichen will, nimmt die Metro oder den Bus. Amsterdam hat Mitte 2009 die landesweit gültige OV-Chipkarte eingeführt. Dieser elektronische Fahrausweis ist in allen Tram-, Metro- und Buslinien des Amsterdamer Verkehrsverbundes gültig. Einfache Fahrt: 2,60 €, Tageskarte 7 €. Die Einweg-Chipkarte erhält man an Automaten, in Trams, Bussen oder im GVB-Office gegenüber der Centraal Station (hinter dem Bauzaun und neben dem Tourist Office VVV).
Stationsplein • www.gvb.nl • Mo–Fr 7–21, Sa, So 10–18 Uhr

TAXI

Amsterdamer Taxis gehören zu den teuersten Europas: Grundpreis 7,50 € (inkl. 2 km Fahrt), jeder weitere Kilometer kostet 2,20 €. Taxis erkennt man am blauen Nummernschild, Tarifschild und Chauffeurpass. Fahrten unter 15 € werden häufig verweigert. Vor allem am Bahnhof und am Leidseplein herrscht oft Chaos. Als seriös gilt der Taxibetrieb TCA. Am Hauptbahnhof kann man speziell für Kurzfahrten umweltfreundliche Taxis bestellen.
TCA-Taxiruf: Tel. 6 77 77 77
Schiphol-Taxi: Tel. 09 00/9 00 66 66

Richtpreise:
Schiphol–Centrum 45–50 €
Bahnhof (CS)–Museumsplein 14 €
CS–Rembrandtplein 10 €
Dam–RAI-Messegelände 15 €

ZEITSCHRIFTEN UND ZEITUNGEN

Deutschsprachige Zeitschriften Zeitungen (u. a. **FAZ**, **Welt**, **NZZ**, **SZ** oder **Bild**) führen alle Kioske im Zentrum. Größte Auswahl beim Bahnhofskiosk.
Die **Stadtmagazine** erscheinen in niederländischer und/oder in englischer Sprache: »Time out« (unübersichtlich), »Day by day« (zuverlässig), »Pop & Jazz, Alert« (Kunst, Galerien), »Trash in the streets« (Gay-Szene).

ZOLL

Reisende aus Deutschland und Österreich dürfen Waren abgabenfrei mit nach Hause nehmen, wenn diese für den privaten Gebrauch bestimmt sind. Bestimmte Richtmengen sollten jedoch nicht überschritten werden (z. B. 800 Zigaretten, 90 l Wein, 10 kg Kaffee). Weitere Auskünfte unter www.zoll.de und www.bmf.gv.at/zoll.
Reisende aus der Schweiz dürfen Waren im Wert von 300 SFr abgabenfrei mit nach Hause nehmen, wenn diese für den privaten Gebrauch bestimmt sind. Tabakwaren und Alkohol fallen nicht unter diese Wertgrenze und bleiben in bestimmten Mengen abgabenfrei (z. B. 200 Zigaretten, 2 l Wein). Weitere Auskünfte unter www.zoll.ch.
Ein- und Ausfuhr von Opiaten ist verboten. Der Zoll kontrolliert in den internationalen Zügen und stichprobenartig an den grenzüberschreitenden Straßen.

Kartenatlas

Maßstab 1:15 000

Legende

Spaziergänge

○●—● Bummel durch Alt-Amsterdam (S. 84)
Start: S. 114, A6

○●—● Grachtentour mit der Museum Line (S. 88)
Start: S. 114, A6

○●—● Mit dem Fahrrad durch das alte Hafenviertel (S. 89)
Start: S. 114, A6

Sehenswürdigkeiten

🔟 MERIAN-TopTen

🔟 MERIAN-Tipp

▢ Sehenswürdigkeit, öffentl. Gebäude

✳ Sehenswürdigkeit Kultur

✳ Sehenswürdigkeit Natur

⛪ Kirche; Kloster

🏰 Schloss, Burg; Ruine

Sehenswürdigkeiten ff.

☪ ✡ Moschee; Synagoge

🏛 Museum

𐅂 Denkmal

⚓ Leuchtturm

✘ Windmühle

Verkehr

━━━ Autobahn

━━━ Autobahnähnliche Straße

━━━ Fernverkehrsstraße

━━━ Hauptstraße

━━━ Nebenstraße

━━━ Unbefestigte Straße, Weg

┄┄┄ Fußgängerzone

🅿 Parkmöglichkeit

Verkehr ff.

🅑 🅗 Busbahnhof; Bushaltestelle

Ⓜ Metrostation

⬮ Bahnhof

⚓ Schiffsanleger

✈ ✈ Flughafen; Flugplatz

Sonstiges

ℹ Information

🎭 Theater

🎪 Markt

🐘 Zoo

▣ Botschaft, Konsulat

✸ Aussichtspunkt

† † † Friedhof

L L L Jüdischer Friedhof

A   B   C

Volkstuinenpark

Gosschalklaan

6 Wester

Haarlemmervaart

1

Haarlemmerweg

Livornostr.

Watertorenplein

Van der H

Nieuwpoortstraat

Cliffordstr

Bos en Lommerweg

Adolf van Nassaustr.

Bentin

Van Hallstraat

Brielstraat

Haarlemmervaart

Van Hoo

Kijkduinstraat

Van Be

Begraafplaats Vredenhof

Van Bosse

Van

Juliana van Stolbergstraat

De Kempenaerstraat

Louis de Colignystraat

Westelijk Marktkanaal

Bestevaerstraat

Charlotte de Bourbonstraat

Centrale Groothandelsmarkt

2

A.V.

Van Rappard-str.

Karel Doormanstr.

Gerard Callenburgstr.

Joris van Andringa straat

Oostelijk Marktkanaal

Vier Heemsk.straat

Blancefloorstr.

Lorreinenstr.

De Rijpstraat

Marliusstraat

Reinaert de Vosstraat

Kinderenstraat

A.Jm. de Rijpgracht

Florantstraat

Flagstraat

Eglinustr.

Ferguusstr.

Joos Banckerstraat

Jasper Leijnsenstr.

Gillis van Ladenhe

Edolisstr.

Joos de Ruijterweg

Coppelstockstr.

Bestevaerstraat

Bloys van Treslongstraat

Trombr.

2e Hugo de Grootstraat

Erasmuspark

Kostverlorenvaart

3

Jan van Galenstraat

Pieter van der Doesstr.

Reinier Claeszenstraat

Willem de Zwijgerlaan

Da Costas

Joos de Moorstraat

Jacob Hoonstraat

Geuzenstraat

Geuzenkade

Van Reigersbergenstraat

Da Costas

John Franklinstraat

Doesstraat

Cornelis Dirkszstraat

Maarten Harpertszn. Trompstraat

De Cler

Vespuccistraat

Jan van Riebeekstr.

Elisabeth

Agatha Dekenstr.

Wolfstraat

Barthel Diazstr.

Witte

Fillip van Almonde-straat

Van

Chassestraat

Bilderdijk

Balboastraat

Lodewijk Boisotstraat

Speik

Admiralengracht

Wthstraat

Van Kinsbergenstraat

straat

Schimmelstraat

Bilderdijkstraat

Da Costa

4

Hudson-

Vasco de Gamastraat

Marco Polostraat

Jan Hanzenstraat

Ten Katestraat

West

Hoofdweg

Maze straat

straat

Kostverlorenkade

Wenslauerstraat

Bellamystraat

Jac

Davisstr.

Baarsjesweg

Binkerstraat

116

Postjesweg

Borgerstraat

van Lennepkanaal

A   B   C

Westerpark

emmerweg
aat
De Wittenkade
Nassaukade
Haarlemmer-
plein

Westerdoksdijk
Westerdok

Vierwindenstr.
Taanstr.
Realengracht
eiland
Galgenstr.
Sloterdijkstr.

Haarlemmer Houttuinen

Droogbak

De Wittenstraat
De Wittenstraat

Jacob Catskade
Frederik Hendrik-
plantsoen
straat

Palmgracht
Palmstraat
Willemsstraat
Goudsbloemstraat
Lindengracht

Lindenstraat
Boomstraat

Noorderkerk
Noorder-
markt

Heren-
markt

Haarlemmerstraat

Herenmarkt

Marnix-
straat
Marnixstraat
Singelgracht
Lijnbaansgracht
Tichelstraat
2e Egelantiersdwarsstr.

Jordaan

Karthuizers-
straat
Westerstraat

Prinsengracht
Lijnbaansgracht
Keizersgracht
Herengracht
Singel

Ronde
Lutherse
Kerk

Multatuli
Museum

Spuistraat
Voorburgwal
Nieuwendijk

Marie-
laan-
gracht

Marnix-
plein
Anjelierstraat
Anjeliersstraat
Egelantiersstraat

t'Smalle
Anne
Frank Huis
Nieuwe Leliestraat
Bloem
Bloemstraat
Rozengracht

Theatermuseum
Westerkerk
Villa
Zeezicht
Nieuwe Kerk
Koninklijk
Paleis
Dam

Gravenstr.
Koopmans-
Beurs

Nationaal
Monument

Centrum

Madame Tussauds

Nieuwezijds
Rokin
Oude Zijds

Oost-Indi
Huis

Rozenstraat
Laurierstraat
Lauriergracht

Reestr.
Hartenstr.

Universiteit

Marnixstraat
Lijnbaansgracht

Elandsstraat
Elandsstraat
Oude Looiers-
str.
Looiersgracht

Berenstr.
Wolvenstr.
Runstraat

Hausboot-
Museum
Felix Meritis

Huidenstr.

Schutters-
galerij

Agnieten-
kapel
Grimburgwal

Allard
Pierson
Museum

Passeerders-
straat
Raamstraat
Molenpad
Leidsegracht

Grachtenhuis

Huis
Marseille

Spui
Begijnhof
Munttoren

Oude Turfmarkt
Rokin
Kalverstr.
Konings-
plein

De Jaren

Rembrandtplein
Reguliersdwars

ke
enepkade
Tousaintstr.

Raamstraat

Seven one Seven

© MERIAN-Kartographie

Kleihekpekserstraat
Spijke
kade
Hamerstraat
Gedempte Hamerkanaal Schaalstr
Ketelstraat Ponthaven

Vogelstr
2e-Vogelstr
3e-Vogelstr
4e-Vogelstr
5e-Vogelstr
6e-Vogelstr
Vogelkade
Zamenhofstraat

J. van Hassel-
kanaal-Oost

5

Het IJ

-Fähre

Sumatrakade

Jan Schaefer-brug

Javakade
Sumatrakade

6

IJhaven

Oostelijke
KNSM-laan

Levant-
kade
Verbindingsdam

Piet
Heinkade
Handelskade

7

Katenburgerstraat
Grote Wittenburgerstraat
Wittenburgervaart
Oostenburgervaart
Conradstraat
Peterstraat
Blankenstraat
Kraijlehofstraat
Czaar

Panamaweg

Borneolaan

C. van Eesterenlaan

Oosterkerk

Tien-
ter-
ht
oort

Oosten-
burger-
gracht

Inst. voor Soc.
Geschiedenis

Cruquiusweg

8

Werf 't
Kromhout
Hoogte-Kadijk

Cruquiuskade

Fune
Zeeburger-
straat

Veelaan

Nieuwevaart
Zeeburgerpad
Lozingskanaal

Zeeburgerdijk

es Museum
Pieter Vlamin
Pontanus-str
Delistr
Timorplein
Bankastra
Madurastr

0   300 m

© MERIAN-Kartographie

N

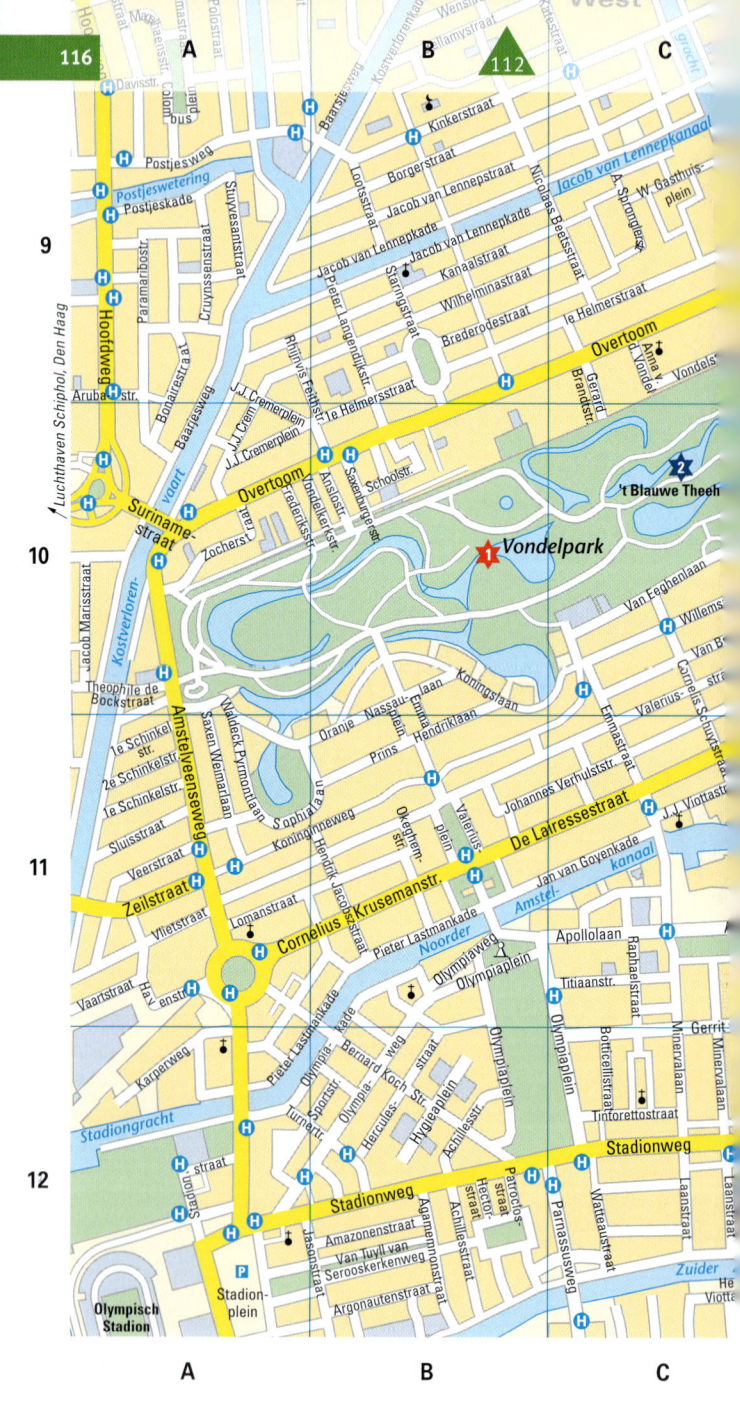

West

112

A B C

9

10

11

12

Luchthaven Schiphol, Den Haag

Hoofdweg

Postjesweg
Postjeskade
Postjeswetering

Paramaribostr.
Cruyssenstraat
Sluysvaertstraat

Bonairestraat
Aruba str.
Baarjesweg

Bonairestraat

Surinamestraat

Jacob Marisstraat
Kottvestloren

Theophile de Bockstraat

Amstelveenseweg

1e Schinkelstr.
2e Schinkelstr.
1e Schinkelstr.

Sluisstraat

Veerstraat

Vlietstraat

Zeilstraat

Vaanstraat

Karperweg

Stadiongracht

Haerlenstr.

Lomanstraat

straat

Stadionplein

Olympisch Stadion

Stadionplein

P

Baarjesweg

Kinkerstraat

Borgerstraat

Lootsstraat

Jacob van Lennepstraat

J. Pieter Heijnstraat
Jacob van Lennepkade

Jacob van Lennepkade

Kanaalstraat

Wilhelminastraat

Bilderdijkstraat

Staringstraat

Brederodestraat

Nicolaas Beetsstraat
A. Strindbergst.

W. Gasthuisplein

Overtoom

Gerard Brandtstr.

Anna v. d. Vondel

Vondels

1e Helmersstraat

1e Helmersstraat

J.J. Cremerstraat

J.J. Cremerplein

J.J. Crem

Rhijnvis Feithstr.

Overtoom

Zochers

Overtoom

Fredericsstr.

Ruysdaelkde

Vondelkerk

Saxenburgerstr.

Schoolstr.

Vondelpark

't Blauwe Theeh

Van Eeghenlaan

Willems

Van B

Cornelis Schuytstraat

Valerius-

Emmalaan

Koningslaan

Oranje-
plein

Nassau-
laan

Prins
Hendriklaan

Johannes Verhulststraat

De Lairessestraat

J.J. Viottastr.

Waldeck Pyrmontlaan

Saxen Weimarlaan

S. ophialaan

Koninginneweg

Olieghem-
str.

Valerius-
plein

Emmastraat

Emmalaan

Jan van Goyenkade

Amstel-

Noorder

kanaal

Apollolaan

Raphaëlstraat

Titiaanstr.

Minervalaan

Gerrit

Botticellistraat

Tintorettostraat

Minervalaan

Zuider

Viotta

Cornelis Krusemanstr.

Pieter Lastmankade

Olympiaweg

Olympiaplein

Lomanstraat

H. Jacobszstraat

Koning Hendrik

Olympiaplein

Olympiaplein

Olympiaplein

Pieter Lastmankade

Olympia-
kade

Olympia-
weg

Bernard Koch-
straat

Olympia-
straat

Hercules-
str.

Hygieaplein

Achilles-
str.

Turnerstr.

Sportstr.

straat

Petrocias-
straat

Hector-
straat

Stadionweg

Stadionweg

Achillesstraat

Agamemnonstraat

Parnassusweg

Watteaustraat

Laanstraat

Vaanstraat

Stadion-
plein

Amazonenstraat

Van Tuyll van Serooskerkenweg

Argonautenstraat

Jasonstraat

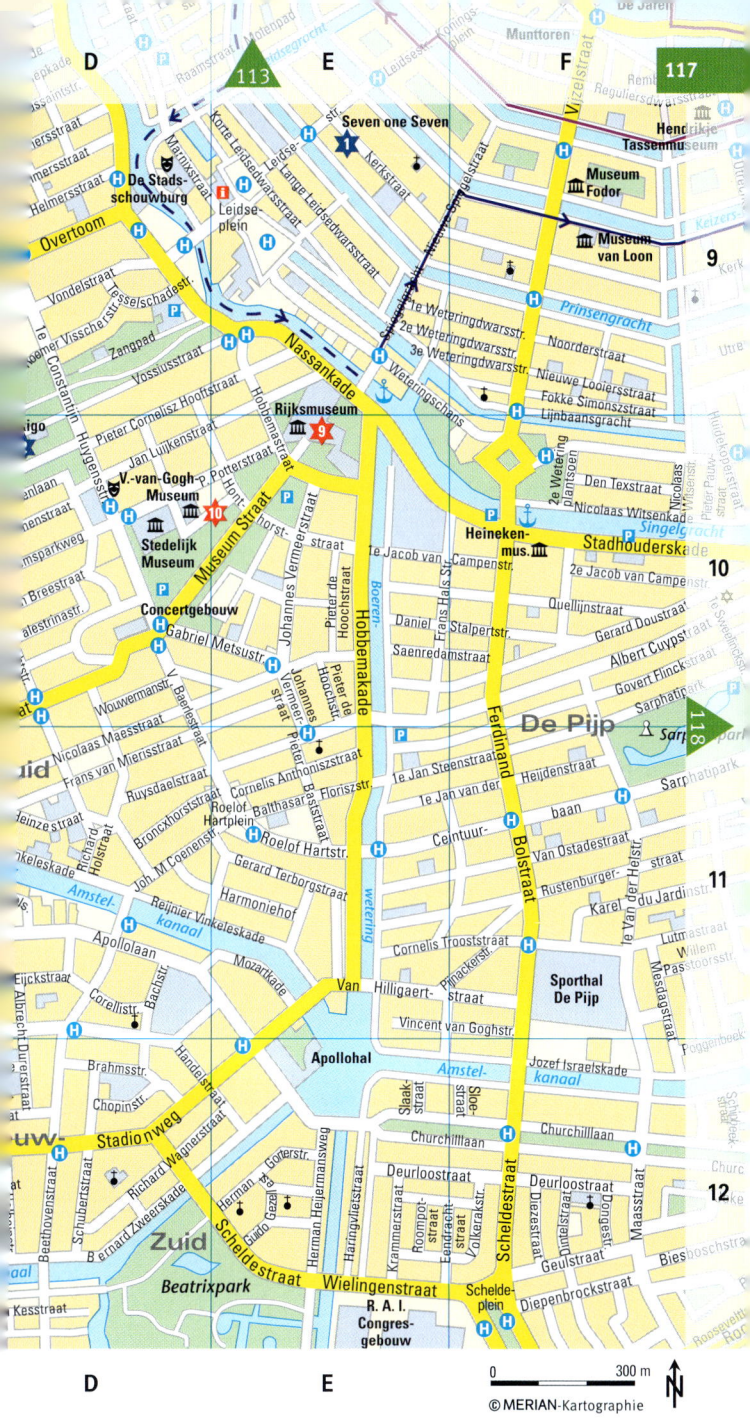

113

9

Seven one Seven

Henrikje Tassenmu

De Stadsschouwburg

Museum Fodor

Korte Leidsedwarsstraat
Lange Leidsedwarsstraat
Leidse str.
Kerkstraat

Museum van Loon

Leidseplein

Overtoom

1e Weteringdwarsstr.
2e Weteringdwarsstr.
3e Weteringdwarsstr.

Prinsengracht

Nassaukade

Weteringschans

Vondelstraat

Tesselschadestr.

Noorderstraat

Nieuwe Looiersstraat

Zanggad

Fokke Simonszstraat

Vossiusstraat

Lijnbaansgracht

Jan Luijkenstraat

Pieter Cornelisz Hooftstr.

Rijksmuseum

9

2e Weteringplantsoen

Den Texstraat

Nicolaas Witsenkade

V-van-Gogh-Museum

P. Potterstraat

Hobbemastraat

Singelgracht

10

Heineken-mus.

Stadhouderska

Stedelijk Museum

Hobbemakade

Boeren

Te Jacob van

Campenstr.

2e Jacob van Campen

Concertgebouw

Johannes Vermeerstraat

Pieter de Hoochstr.

Frans Hals Str.

Quellijnstraat

Gerard Doustraat

Gabriel Metsustr.

Daniel Stalpertstr.

Albert Cuypstr.

Saenredamstraat

Govert Flinck

Wouwermanstr.

V Baerlestraat

Pieter de Hoochstr.

Johannes Vermeerstraat

De Pijp

Sarp

Nicolaas Maesstraat

Frans van Mierisstraat

Pieter

Te Jan Steenstraat

Heijdenstraat

Sarphatipa

Ruysdaelstraat

Te Jan van der

Ceintuur-

Van Ostadestraat

Karel du Jardin

Richard Holststraat

Bronckhorststraat

Cornelis Anthoniszstraat

baan

Te Van der Helst

Joh. M Coenenstr.

Roelof

Balthasar Floriszstr.

Rustenburger-

Lutm

Willem

Pass

Roelof Hartstr.

Hartplein

Ceintuur-

baan

Amstel-

Gerard Terborgstraat

Harmoniehof

Reijnier Vinkeleskade

kanaal

Cornelis Troostraat

Pijnackerstr.

11

Apollolaan

Mozartkade

Van

Hilligaert-

straat

Sporthal De Pijp

Corellistr.

Bachstr.

Apollohal

Vincent van Goghstr.

Amstel-

Eijckstraat

Slaak-

straat

kanaal

Sloe-

straat

Jozef Israelskade

Brahmsstr.

Handelstraat

Churchillaan

Churchillaan

Stadionweg

Chopinstr.

Richard Wagnerkade

Herman

Haringvlietstraat

Deurloostraat

Deurloostraat

12

Schuberstraat

Bernard Zweerskade

Gezel

Guido

Krammerstraat

Roompot

Eendracht

Volkerstraat

Diezestraat

Dintelstraat

Donge

Maasstraat

Beethovenstraat

Scheldestraat

Herman Heijermansweg

Dongestraat

Bies

boschstraat

Zuid

Beatrixpark

Wielingenstraat

Scheldestraat

R. A. I.
Congres-gebouw

Schelde-plein

Diepenbrockstraat

Scheldestraat

Roosevelt

Kesstraat

0   300 m

© MERIAN-Kartographie

N

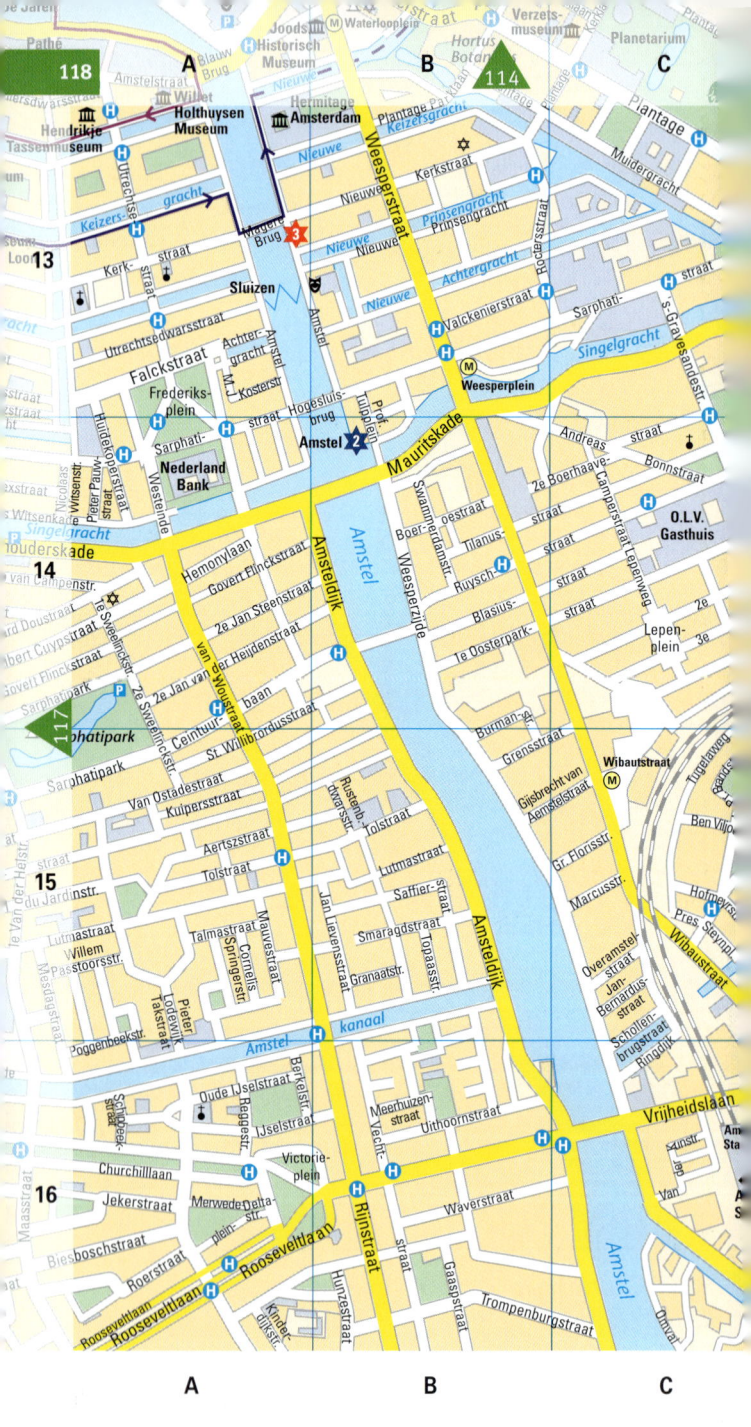

Kartenregister

Orts- und Sachregister

Wird ein Begriff mehrfach aufgeführt, verweist die **fett** gedruckte Zahl auf die Hauptnennung, eine *kursive* Zahl auf ein Foto.
Abkürzungen:
Hotel[H]
Restaurant[R]

Liebe Leserinnen und Leser,
vielen Dank, dass Sie sich für einen Titel aus unserer Reihe MERIAN *live!* entschieden haben. Wir freuen uns, Ihre Meinung zu diesem Reiseführer zu erfahren. Bitte schreiben Sie uns an merian-live@travel-house-media.de, wenn Sie Berichtigungen und Ergänzungen haben – und natürlich auch, wenn Ihnen etwas ganz besonders gefällt.

Alle Angaben in diesem Reiseführer sind gewissenhaft geprüft. Preise, Öffnungszeiten usw. können sich aber schnell ändern. Für eventuelle Fehler übernimmt der Verlag keine Haftung.

© **2013 TRAVEL HOUSE MEDIA GmbH, München**
MERIAN ist eine eingetragene Marke der GANSKE VERLAGSGRUPPE.

Alle Rechte vorbehalten. Nachdruck, auch auszugsweise, sowie die Verbreitung durch Film, Funk, Fernsehen und Internet, durch fotomechanische Wiedergabe, Tonträger und Datenverarbeitungssysteme jeglicher Art nur mit schriftlicher Genehmigung des Verlages.

BEI INTERESSE AN DIGITALEN DATEN AUS DER MERIAN-KARTOGRAPHIE:
kartographie@travel-house-media.de

BEI INTERESSE AN MASSGESCHNEI-DERTEN MERIAN-PRODUKTEN:
Tel. 0 89/4 50 00 99 12
veronica.reisenegger@travel-house-media.de

BEI INTERESSE AN ANZEIGEN:
KV Kommunalverlag GmbH & Co KG
Tel. 0 89/9 28 09 60
info@kommunal-verlag.de

TRAVEL HOUSE MEDIA
Postfach 86 03 66
81630 München
merian-live@travel-house-media.de
www.merian.de

5. Auflage

PROGRAMMLEITUNG
Dr. Stefan Rieß
REDAKTION
Simone Duling
LEKTORAT
bookwise GmbH, München
BILDREDAKTION
Nora Goth, Anna Hoene
SCHLUSSREDAKTION
Gisela Wunderskirchner
SATZ
bookwise GmbH, München
REIHENGESTALTUNG
Independent Medien Design,
Elke Irnstetter, Mathias Frisch
KARTEN
Gecko-Publishing GmbH für
MERIAN-Kartographie
DRUCK UND BUCHBINDERISCHE VERARBEITUNG
Stürtz Mediendienstleistungen, Würzburg

TRAVEL HOUSE MEDIA

Ein Unternehmen der
GANSKE VERLAGSGRUPPE

PEFC
PEFC/04-31-1404

BILDNACHWEIS

Titelbild (Prinsengracht), F1online: Corbis RF
Alamy: P. Forget/Sagaphoto.com 68, D. Mulvihill 66, S. Pitamitz 28, W. Stock 2 • Alimdi.net: J. Tack 79 • Bildagentur Huber: M. Ripani 56 Bildagentur-online: Lescourret 16 • blickwinkel: H. J. Igelmund 42 • dpa Picture-Alliance: T. Burmeister 72 • fotolia: Nataraj 31, broker 48/49 • GourmetPictureGuide 12, 22 • R. Hackenberg 70 • Hermitage Amsterdam/R. Aldershoff 74 • R. Hoeben (De Kas) 27 • iamsterdam.com 63 • imago: blickwinkel 61, Schöning 39 • laif: M. Carassale/Hoa-qui/Eyedea Illustration 35, M. Gonzalez 19, A. Hub 14, 96, B. Jonksmann 50, Reporters 32, Schlijper/Hollandse Hoogte 4, 58 look-foto: 82/83 • mauritius images: Alamy 11/12, 65, 75, 94/95, imagebroker 76 • St. Paterna 86, 91 • Schapowalow: R. Harding 46 • Seven one Seven 8 • Shutterstock: Devi 85, Mario Savoia 54, Rostislav Glinsky 40, TonyV3112 36, • T. Stankiewicz 52